Marian Matuschek

Die deutsche Beschäftigungspolitik für Ältere im Vergleich zu Finnland und Großbritannien

Bestandsaufnahme und Handlungsempfehlungen

igel Verlag
RWS

Matuschek, Marian: Die deutsche Beschäftigungspolitik für Ältere im Vergleich zu Finnland und Großbritannien: Bestandsaufnahme und Handlungsempfehlungen, Hamburg, Igel Verlag RWS 2014

Buch-ISBN: 978-3-95485-198-0
PDF-eBook-ISBN: 978-3-95485-698-5
Druck/Herstellung: Igel Verlag RWS, Hamburg, 2014

Bibliografische Information der Deutschen Nationalbibliothek:
Die Deutsche Nationalbibliothek verzeichnet diese Publikation in der Deutschen Nationalbibliografie; detaillierte bibliografische Daten sind im Internet über http://dnb.d-nb.de abrufbar.

Hermannstal 119k, 22119 Hamburg
http://www.diplomica.de, Hamburg 2014
Printed in Germany

Inhaltsverzeichnis

Abkürzungsverzeichnis:

Age Regulations: The Employment Equality (Age) Regulations 2006

ALG: Arbeitslosengeld

ALQ: Arbeitslosenquote

AltTZG: Altersteilzeitgesetz

ARGE: Arbeitsgemeinschaft

AVmEG: Altersvermögensergänzungsgesetz

AVmG: Altersvermögensgesetz

BA: Bundesanstalt (bzw. Bundesagentur) für Arbeit

BIP: Bruttoinlandsprodukt

BRD: Bundesrepublik Deutschland

COP: Code of Practice on Age Diversity in Employment

DDR: Deutsche Demokratische Republik

DIW: Deutsches Institut für Wirtschaftsforschung

DZA: Deutsches Zentrum für Altersfragen

EBS: Europäische Beschäftigungsstrategie

EFA: Employers Forum on Age

EU: Europäische Union

EWP: Erwerbspersonenpotenzial

EWQ: Erwerbsquote

FIM: Finnische Mark

FINPAW: The National Program on Ageing Workers 1998 – 2002

HK: Humankapital

IAB: Institut für Arbeitsmarkt- und Berufsforschung

IAT: Institut für Arbeit und Technik

ILO: International Labour Organization

INQA: Initiative Neue Qualität der Arbeit

LSC: Learning and Skills Council

OECD: Organization for Economic Co-operation and Development

o.Ä.: oder Ähnliche(s)

RuStFöG: Gesetz zur Förderung eines gleitenden Übergangs in den Ruhestand

SGB [Römische Ziffer]: Sozialgesetzbuch (Die römische Ziffer im Anschluss bezeichnet die Nummer des Buches)

TzBfG: Teilzeit- und Befristungsgesetz

WB: Weiterbildung

£: Britische Pfund

€: Euro

Abbildungsverzeichnis

1 Einleitung

1.1 Problemstellung

In der öffentlichen Diskussion in Deutschland gewinnt das Thema „Demographischer Wandel“ immer mehr an Bedeutung. Eine steigende Lebenserwartung, verbunden mit niedrigen Geburtenraten und dem damit einhergehenden Altersstrukturwandel, stellen die Gesellschaft vor neue Herausforderungen. Liegt der Anteil der über 50-Jährigen heute bei rund 36 Prozent, wird bereits in 40 Jahren die Hälfte der deutschen Bevölkerung über 50 Jahre alt sein. Politisch wurde das „Problem“ schon vor längerer Zeit erkannt, doch die Diskussion dort fokussierte sich auf die zukünftige Finanzierung der sozialen Sicherungssysteme, vor allem der Rente. Rentenbeitragserhöhungen, Aussetzung der Rentenanpassung oder die Einführung der Pflegeversicherung waren Instrumente, um den Herausforderungen zu begegnen. Die hohe allgemeine Arbeitslosigkeit lenkte ebenfalls von den zukünftigen Entwicklungen in der Bevölkerungsstruktur ab. Zugunsten Jüngerer wurden Ältere in der Vergangenheit eher angereizt, den Arbeitsmarkt zu verlassen. Eine Renaissance erlebte die Diskussion im vergangenen Jahr. Die geplante Erhöhung des gesetzlichen Rentenalters thematisierte öffentlich die Ausweitung der Lebensarbeitszeit und brachte explizite Förderungen für Ältere hervor.
Mit diesen Entwicklungen sehen sich fast alle Länder in Europa konfrontiert. Ähnliche Prognosen der zukünftigen Entwicklung der Altersstruktur der Bevölkerung auf dem Arbeitsmarkt veranlassten die Europäische Union (EU) im Jahr 2000 die sogenannte Lissabon-Strategie zu formulieren, in der u.a. die Erhöhung der Erwerbsbeteiligung bis zum Jahr 2010 festgeschrieben wurde. Ein Jahr später fand in Stockholm eine Ergänzung statt. Die Erwerbsquote Älterer sollte in der EU bis zum Jahr 2010 mindestens 50 Prozent betragen.
Deutschland ist von diesem Ziel noch weiter entfernt als andere Länder. Was sowohl die Arbeitslosenquote als auch die Erwerbsquote Älterer betrifft, liegt Deutschland auf einem mittleren Platz. Auch in der Entwicklung der Verbesserung dieser Quoten konnten viele Länder größere Erfolge verzeichnen als

Deutschland. Gründe können in verschiedenen Ausgangssituationen, Strategien und Instrumenten liegen.
Somit soll im vorliegenden Buch die historische und aktuelle Beschäftigungspolitik in Deutschland betrachtet, und diese mit zwei besonders erfolgreichen Ländern verglichen werden. Es soll untersucht werden, mit welchen Ansätzen und Instrumenten die Politik in Deutschland sowie in den „Erfolgsländern" Finnland und Großbritannien auf die Herausforderungen des demographischen Wandels auf dem Arbeitsmarkt antwortete und aus einem Vergleich Handlungsempfehlungen für die deutsche Politik abgeleitet werden.

1.2 Aufbau

Die vorliegende Studie versucht die Beschäftigungspolitik für Ältere in Deutschland, vergleichend mit der in Großbritannien und Finnland, zu analysieren. Dazu werden, nach einer Beschreibung des Problems in diesem Kapitel, in **Kapitel 2** die theoretischen Grundlagen gesetzt, mit denen unter anderem die Entwicklungen und Befunde in den einzelnen Ländern erklärt werden können.
Die Analyse beginnt in **Kapitel 3** mit der Beschreibung der demographischen Entwicklung in Europa. Der erste Abschnitt (3.1) wird genutzt, um die allgemeinen Ursachen des demographischen Wandels, wie er in allen Vergleichsländern eingesetzt hat, am Beispiel der Europäischen Union aufzuzeigen. Weiter werden die politischen Regelungen (Abschnitte 3.2 und 3.3) und Initiativen (Abschnitt 3.4) aufgezeigt, da die EU teilweise Einfluss auf die Beschäftigungspolitik der betrachteten Länder hatte und außerdem den Rahmen der Analyse bildet.
Kapitel 4 widmet sich der Beschäftigungspolitik Deutschlands im Vergleich zu den zwei Vergleichsländern. Nachdem in Abschnitt 4.1 begründet wird, warum speziell Großbritannien und Finnland als Vergleich gewählt wurden, wird in Abschnitt 4.2 ausführlich Deutschland analysiert. Beginnend mit der demographischen Entwicklung (Abschnitt 4.2.1) sowie der Entwicklung der Erwerbsbevölkerung (Abschnitt 4.2.2), werden der der Arbeitsmarkt und die Entwicklung der deutschen Wirtschaftspolitik für Ältere beschrieben (Abschnitte 4.2.3 und 4.2.4). Nachdem in Abschnitt 4.2.5 ausführlich die gesetzlichen Regelungen

analysiert werden, finden in den Abschnitten 4.2.6 bis 4.2.8 die Themen Weiterbildung, Öffentlichkeitsarbeit und spezielle Programme Berücksichtigung. Nach gleichem Muster werden in Abschnitt 4.3 Finnland und in Abschnitt 4.4 Großbritannien untersucht. Beginnend mit der allgemeinen Bevölkerungsentwicklung werden die Wirtschaftssysteme bzw. Arbeitsmärkte kurz beschrieben und die Beschäftigungspolitik für Ältere in diesen Ländern analysiert. Hier werden die Schwerpunkte auf besonders erfolgreiche Maßnahmen gelegt. Das Kapitel wird mit einem zusammenfassenden Abschlussvergleich in Abschnitt 4.5 beendet. **Kapitel 5** bildet den Abschluss und schließt mit einem Fazit sowie Handlungsempfehlungen für die Beschäftigungspolitik für Ältere in Deutschland ab.

2 Theoretische Grundlagen

In diesem Kapitel werden die theoretischen Grundlagen gelegt, um in den folgenden Kapiteln die Arbeitsmärkte in den Volkswirtschaften von Deutschland, Großbritannien und Finnland zu analysieren und zu Erscheinungen auf dem Arbeitsmarkt, die vor allem Ältere[1] betreffen, Erklärungen zu liefern. Die relevanten Theorien werden kurz erläutert und ihr jeweiliger Bezug zu älteren Teilnehmern am Wirtschaftsleben wird dargestellt.

2.1 Der neoklassische Arbeitsmarkt

Der Arbeitsmarkt ist im Sinne der neoklassischen Theorie ein Markt wie jeder andere. Es herrschen Angebot und Nachfrage nach Gütern, welche mittel- bis langfristig zu einem Marktgleichgewicht führen.[2] Grundannahme ist dabei der sogenannte Homo oeconomicus, welcher ein einzelnes Wirtschaftssubjekt darstellt, das versucht, seinen eigenen Nutzen zu maximieren (Eigennutzprinzip). Es werden dazu mehrere Prämissen an das Wirtschaftssubjekt sowie an den Markt gestellt. So ist der Marktteilnehmer vollkommen informiert, handelt vollkommen rational, kann unendlich schnell auf Veränderungen reagieren und ist uneingeschränkt mobil. Auf dem Markt herrschen Privateigentum, vollkommene Konkurrenz, Transparenz und Homogenität. Als Allokationsinstrument dient der Preis, welcher das Handeln der Marktteilnehmer beeinflusst und diese zu einem Bieterprozess veranlasst, bis ein Gleichgewichtspreis entsteht, der für alle Marktteilnehmer ein Optimum darstellt.[3]

Überträgt man das neoklassische Modell auf den Arbeitsmarkt, so ergibt sich im Prinzip ein ähnliches Bild. Es wird hier nur ein spezieller Markt betrachtet, auf dem ausschließlich das Gut „Arbeit“[4] gehandelt wird, welches von den Unter-

---

[1] Wenn nicht anders gekennzeichnet, wird beim Begriff „Ältere“ in dieser Arbeit, laut Definition von der Organisation for Economic Co-operation and Development (OECD), und im Kontext des allgemeinen Begriffes „Generation 50plus“ von Personen mit einem Alter von mindestens 50 Jahren ausgegangen. Vgl. ORGANISATION FOR ECONOMIC CO-OPERATION AND DEVELOPMENT (2006), S. 16.

[2] Vgl. HEWEL / NEUBÄUMER (2005), S. 239.

[3] Vgl. LENK (2005), S. 97 ff.

[4] Neben „Arbeit“ werden in der Neoklassik noch „Boden“ und „Kapital“ als Inputfaktoren betrachtet.

nehmen nachgefragt und von den Arbeitern angeboten wird. Der Preis ist der Lohn[5], der für die Arbeit von den Unternehmen gezahlt bzw. von den Arbeitern verlangt wird. Die speziellen Prämissen auf dem neoklassischen Arbeitsmarkt sind:

- Alle Akteure verhalten sich rational (es wird immer so gehandelt, dass der eigene Nutzen maximiert wird, z.B. werden „Bauchentscheidungen“ oder Fairnessprinzipien ausgeblendet)
- Vollkommene Konkurrenz der Arbeitgeber und Arbeitnehmer (es existieren keine Wettbewerbsbeschränkungen oder Barrieren)
- Alle Akteure sind homogen (sie sind gleich produktiv und jederzeit austauschbar)
- Vollkommene Transparenz (alle sind über die Arbeitssituation, wie z.B. Arbeitsbedingungen und Lohnsätze, vollkommen informiert)
- Die Arbeitnehmer sind uneingeschränkt mobil (sie wechseln sofort dorthin, wo sie bessere Arbeitsbedingungen finden)
- Unendlich schnelle Reaktionsgeschwindigkeit (der Lohn passt sich augenblicklich neuen Bedingungen an)
- Die Unternehmen setzen ihren gewinnmaximalen Output immer ab[6]

Verhalten sich alle Teilnehmer nach diesen Prämissen, so befinden sich das Arbeitsangebot und die Arbeitsnachfrage in einem Gleichgewicht: Auf dem Markt herrscht Vollbeschäftigung bei einem Gleichgewichtslohn. Laut neoklassischer Theorie kommt es nur zu einer kurzen Arbeitslosigkeit aufgrund überhöhter Reallöhne, die dann durch den Druck der arbeitslos gewordenen Arbeitnehmer sinken (sie wollen wieder arbeiten und bieten ihre Arbeitskraft zu einem Lohn unterhalb des momentanen Reallohnsatzes an), was zu einem neuen Gleichgewicht zwischen Arbeitsangebot und -nachfrage mit einem niedrigeren Gleichgewichtslohn führt.

---

[5] Genauer gesagt, der Reallohn: In der Ökonomik betrachtet man immer die realen Preise, um eine bessere Vergleichbarkeit zu gewährleisten (also den nominalen Wert, dividiert durch das Preisniveau).

[6] Vgl. SESSELMEIER / BLAUERMEL (1997), S. 47 f.

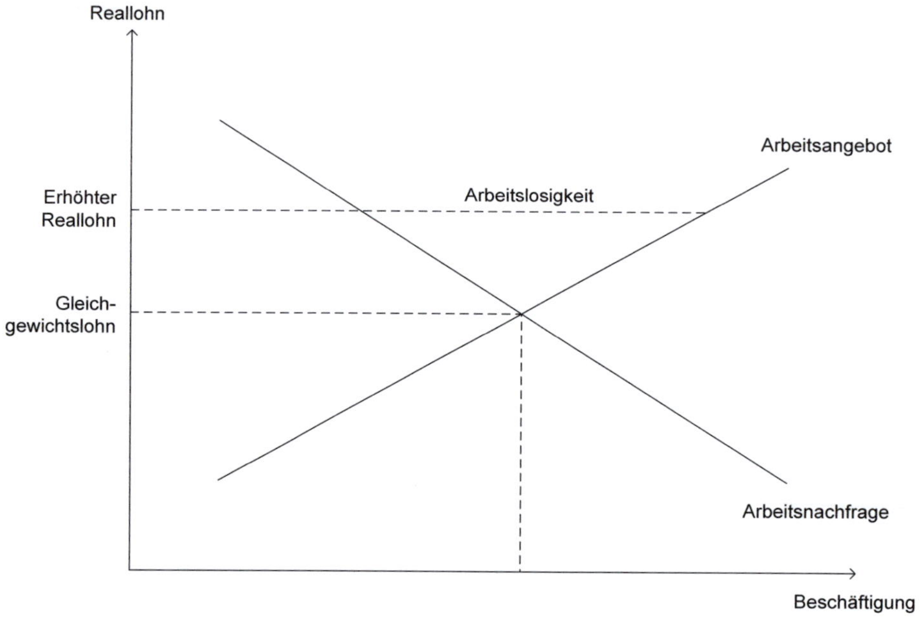

Abbildung 1: Neoklassischer Arbeitsmarkt[7]

Vor allem in Bezug auf ältere Arbeitnehmer ist interessant, dass es laut neoklassischer Theorie nur dann zu längerer Arbeitslosigkeit kommt, wenn sich ein Arbeitnehmer freiwillig dafür entscheidet. Dies wirft die Frage auf, wann es sich ein Wirtschaftssubjekt leisten kann, freiwillig arbeitslos zu sein, also auf Einkommen zu verzichten, das es eigentlich zur Befriedigung seiner Bedürfnisse, oder einfach gesprochen, zum Leben (Nahrung, Wohnen, sonstiger Konsum etc.) braucht. Natürlich kann es darauf verzichten, wenn es ein Transfereinkommen bezieht, das zur Befriedigung der individuellen Bedürfnisse reicht. Im Falle eines Älteren wären das z.B. eine vorzeitige Rente, Vorruhestandsgeld oder das Arbeitslosengeld bis zur Rente. Diese „Störungen"[8] könnten ein Grund sein, warum sich ältere Erwerbspersonen entscheiden, nicht mehr zu arbeiten.

---

[7] Vgl. SESSELMEIER / BLAUERMEL (1997), S. 53.
[8] Die neoklassische Theorie sieht nur Einkommen aus den oben genannten Faktoren Arbeit (Lohn), Boden (Rente) und Kapital (Zins) vor. Alle anderen Einkommen werden aufgrund ihrer Nichtberücksichtigung durch den Regulierungsmechanismus als eine „Störung" betrachtet.

2.2 Die Grenznutzentheorie und die Budgetrestriktion

Zur Erklärung einer freiwilligen Arbeitslosigkeit älterer Arbeitnehmer (bei Transfereinkommen) kann auf mikroökonomischer Ebene die Grenznutzentheorie herangezogen werden. Schaut man sich die Alternativen an, die ein einzelnes Wirtschaftssubjekt hat, dann kann es bei einem gegebenen Zeitbudget („der Tag hat nur 24 Stunden") zwischen Arbeit und Freizeit bzw. Konsum wählen. Es wird angenommen, dass Arbeit Arbeitsleid verursacht, also einen negativen Nutzen bringt, und nur Freizeit einen positiven Nutzen stiftet. Ebenfalls als Nutzen stiftend wird der Konsum angesehen, den sich ein Arbeitnehmer mit seinem Einkommen leisten kann. Die beiden Nutzen stiftenden Güter sind Substitutionsgüter, d.h., möchte der Arbeitnehmer von dem einen Gut mehr, muss er auf das andere verzichten.[9] Zur Verdeutlichung: Er könnte also entweder seine gesamte, zur Verfügung stehende Zeit, arbeiten, hätte dann keine Freizeit mehr und könnte dafür in Höhe seines gesamten Realeinkommens konsumieren, oder er geht gar nicht mehr arbeiten, hat somit maximale Freizeit, aber kann sich keinen Konsum mehr leisten. Welche Kombination beider Güter wählt man nun? Natürlich die, die den Nutzen maximiert. Die Aufteilung beider Güter wird durch das Marginalprinzip bestimmt. Der zusätzliche Nutzen (Grenznutzen), der mit der letzten Arbeitseinheit erreicht wird (ausgedrückt in möglichen Konsum) muss gleich dem entgangenen Nutzen der letzten geopferten Einheit Freizeit sein. Man tauscht beide Güter also so lange aus, bis beide Grenznutzen gleich sind.[10] Wie wichtig einem Freizeit oder Konsum ist, muss jedes Individuum selbst entscheiden. Wie im Folgenden gezeigt wird, ist das Alter eine Determinante, die dieses, und auch viele andere Verhältnisse von Substitutionsgütern, bestimmt. Die Grenzen dieses Austauschverhältnisses werden durch die sogenannte Budgetgerade gekennzeichnet, die die beiden Extreme (maximale Freizeit oder maximaler Konsum) verbindet.[11] Abbildung 2 verdeutlicht diesen Sachverhalt. Vor allem kann gezeigt werden, warum Individuen, wenn sie ein Transfereinkommen erhalten, dazu neigen können, sich aus dem Arbeitsleben zurückzuziehen.

---

[9] Vgl. FRANZ (2006), S. 28 ff.
[10] Vgl. FEHL / OBERENDER (2004), S. 317 ff.
[11] Vgl. WAGNER / JAHN (2004), S. 15 ff.

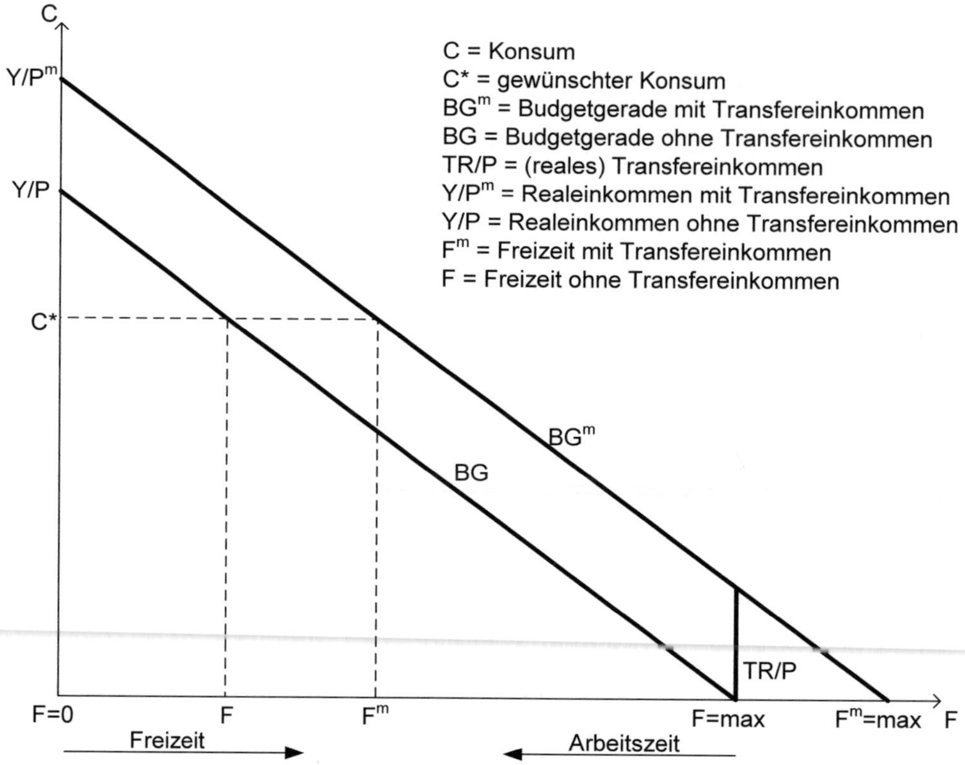

Abbildung 2: Budgetgerade ohne und mit Transfereinkommen[12]

Erhält man ein Transfereinkommen, so hat man, wenn man das gleiche Arbeitspensum leistet, mehr Realeinkommen (Y/P^m) zur Verfügung, um zu konsumieren. In der Abbildung wird dies durch die Verschiebung der Budgetgerade von BG nach BG^m verdeutlicht. Geht man aber davon aus, dass ein Individuum nur einen bestimmten Konsum (C*) braucht, um seine Bedürfnisse zu befriedigen, welches auch durch das zweite Gossensche Gesetz[13] implizit belegt werden kann, dann kann sich ein Individuum leisten, sein Freizeitpensum zu erhöhen, also weniger zu arbeiten (Verschiebung von F zu F^m), wenn es ein Transfereinkommen bezieht. Reicht das Transfereinkommen sogar, um C* zu gewährleisten, muss nicht mehr gearbeitet werden.

---

[12] Eigene Darstellung in Anlehnung an Wagner / Jahn (2004), S. 16.

[13] Das zweite Gossensche Gesetz, das „Gesetz vom abnehmenden Grenznutzen" sagt, dass jede weitere Einheit eines Gutes weniger Nutzen stiftet als die vorherige. Man kann somit die These aufstellen, dass irgendwann ein Punkt erreicht ist, an dem zusätzlicher Konsum keinen Nutzen mehr stiftet, und es kann deshalb von einem gewünschten fixen Konsum ausgegangen werden.

Natürlich betrifft dieser Sachverhalt nicht nur Ältere. Diese beziehen jedoch mit der Rente auf jeden Fall ein Transfereinkommen, und der empfundene Nutzen von Freizeit nimmt im Gegensatz zur Bedeutung von Arbeit und Einkommen mit zunehmendem Alter zu.[14] Dies kann z.B. durch die Abnahme der physischen und auch psychischen Leistungsfähigkeit erklärt werden und den daraus erwachsenden Bedarf an Erholung. Eine Theorie findet sich in dem Differenzmodell, welches das Defizitmodell (in der Wissenschaft) abgelöst hat. Das Defizitmodell besagte, dass die Abnahme der Leistungsfähigkeit mit dem Alter quasi eine Gesetzmäßigkeit ist und unbeeinflussbar und irreversibel vonstatten geht. Das Differenzmodell bestätigt die Annahme einer Leistungsminderung mit zunehmendem Alter, geht jedoch von einem individuellen aber keinem automatischen Verlauf eines jeden Menschen aus.[15]

2.3 Die Humankapitaltheorie

Eine der bedeutendsten Theorien in der Personalwirtschaftslehre – und wie in diesem Abschnitt gezeigt wird, die wohl bedeutendste Theorie, die ältere Arbeitnehmer betrifft – ist die Humankapitaltheorie, die auf Gary S. Becker aus dem Jahr 1962 zurückgeht. Ansätze, den „Wert eines Menschen“ bzw. den Wert der menschlichen Arbeit zu ermitteln, gab es schon wesentlich früher. Doch erst zu Beginn des 20. Jahrhunderts wurde Humankapital (HK) als das begriffen, als was es heute verstanden wird: als die Fähigkeiten, Kenntnisse, Qualifikationen etc. eines Menschen. Humankapital wird somit nicht als monetäre Größe aufgefasst, auch wenn dies zuvor von den Ökonomen versucht wurde, um den vollständigen Wert einer Volkswirtschaft zu ermitteln.[16] Auch wird in diesem Zusammenhang der Begriff nach wie vor als negative populistische Phrase verwendet.[17]

Die Prämisse, dass der Faktor Arbeit homogen ist, wird aufgelöst, und die Determinante Humankapital beeinflusst als eine weitere Komponente die Höhe

---

[14] Vgl. Deutscher Bundestag (2002), S. 69 f.
[15] Vgl. Hübner / Putzing / Kühl (2003), S. 55.
[16] Vgl. Pfahler (2000), S. 9 ff.
[17] Das Wort „Humankapital“ wurde, weger seiner (zu unrecht) negativen Assoziation mit einer „Kapitalisierung des Menschen“, zum Unwort des Jahres 2004 gewählt (vgl. http://www.unwortdesjahres.org/2004.html).

des Einkommens. „Das heißt, die Verteilung der Arbeitseinkommen wird mit einem durch Ausbildungsinvestitionen differenzierten Arbeitsangebot erklärt."[18] Dieses unterschiedliche Arbeitsangebot kommt dadurch zustande, dass sich die Arbeitnehmer qualitativ und quantitativ unterschiedlich weiterbilden. Diese Investitionen in Humankapital können nach allgemeinem und spezifischem Charakter differenziert werden. Allgemeines Humankapital bezeichnet hier Kenntnisse, Fähigkeiten, Qualifikationen, die der Arbeitnehmer in jedem anderen Unternehmen anwenden kann. Spezifisches Humankapital[19] kann dagegen nur in dem Unternehmen genutzt werden, in dem es erworben wurde.[20] Da es sich um Investitionen handelt sind diese mit Einzahlungen (Kosten der Weiterbildung, Opportunitätskosten aus entgangenen Gewinnen während der Ausbildung) und Auszahlungen (höhere Produktivität und somit höhere Generierung von Erträgen durch den Mitarbeiter) über eine bestimmte Zeitspanne verbunden. Somit stellt sich erstens die Frage, wer die Weiterbildung zahlt, und zweitens, ob sich die Investition über die zu erwartende „Nutzungsdauer" des erworbenen Wissens überhaupt lohnt. Konsequenz dieser Überlegungen ist, dass im Allgemeinen Arbeitnehmer die Kosten für allgemeine und Unternehmen die Kosten für spezifische Humankapitalinvestitionen tragen. Dass sich Investitionen für beide Parteien lohnen, ist unbestritten. Allgemeines Humankapital wird meistens schon in der Schule oder z.B. in der Freizeit erworben. Es steigert zwar auch die Produktivität des Unternehmens, aber es ist ausreichend auf dem Markt zu finden, so dass das Unternehmen keinen Anreiz hat, deswegen mehr Lohn zu zahlen. Spezifisches Humankapital dagegen resultiert in einer höheren Produktivität im Unternehmen, was zu einem steigenden Einkommen führen muss, denn erstens steigt, laut neoklassischer Theorie, die [Wert-]Grenzproduktivität[21], zweitens wird kein Arbeitnehmer die Gehaltseinbußen aufgrund der „Beurlaubung" für das Training (das er außerdem nirgendwo anders nutzen kann) in Kauf nehmen, wenn er danach nicht mehr Einkommen

---

[18] SESSELMEIER & BLAUERMEL (1997), S. 65.
[19] BECKER spricht nur von „General Training", welches allgemeines HK hervorbringt, und „Specific Training", das demzufolge betriebsspezifisches HK bereitstellt. In Deutschland findet sich aber noch der Fall des „fach- oder branchenspezifischen HK", welches, wie der Name schon sagt, in einer Branche anwendbar ist.
[20] Vgl. BECKER (1993), S. 33 f., 40.
[21] In der neoklassischen Theorie entspricht der Lohn der Grenzproduktivität der Arbeit.

erwarten kann, und drittens muss letztendlich das Unternehmen den Mitarbeiter, der nun eine sehr wertvolle Ressource (kein anderer kann die Tätigkeit ausüben) anreizen im Unternehmen zu bleiben.[22] Dieses Prinzip findet sich auch häufig in der Praxis. Abbildung 3 zeigt das Prinzip der Senioritätsentlohnung. Es besagt, dass ein Arbeitnehmer zu Beginn seiner Arbeitszeit (t^e) für einen Lohn unter seiner Wertgrenzproduktivität arbeitet, dieser dann im Verlauf seiner Betriebszugehörigkeit den Break-Even-Punkt[23] (t*) erreicht und danach darüber hinaus steigt.[24] Hieraus lässt sich auch das Phänomen ableiten, warum vor allem ältere Arbeitnehmer als „zu teuer" bezeichnet werden.

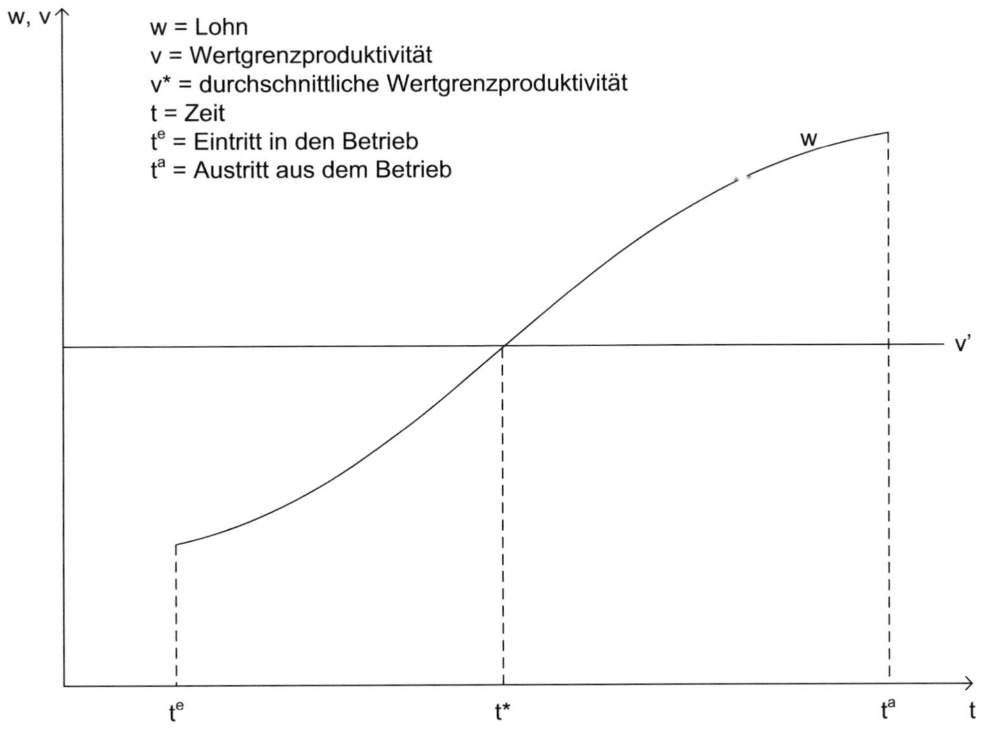

Abbildung 3: Entlohnung nach dem Senioritätsprinzip[25]

Interessanter, ebenfalls in Bezug auf ältere Mitarbeiter, ist jedoch die zweite Frage, ob der Unternehmer überhaupt eine Weiterbildung anbietet. Ein rational handelnder Unternehmer wird nur in seinen Mitarbeiter investieren, solange der Kapitalwert der zu erwartenden Auszahlungen durch die höhere Qualifikation

---

[22] Vgl. BECKER (1993), S. 45 f.
[23] An diesem Punkt entspricht der Lohn genau der durchschnittlichen Wertgrenzproduktivität.
[24] Vgl. SESSELMEIER & BLAUERMEL (1997), S. 168 f.
[25] Eigene Darstellung.

größer ist als die aktuellen Einzahlungen, die er für die Trainingsmaßnahme tätigen muss. Somit kann man sagen, dass es sich mit zunehmender Betriebszugehörigkeit, also geringerer Restarbeitszeit, des Mitarbeiters für ein Unternehmen immer weniger, und an einem bestimmten Punkt gar nicht mehr lohnt, in eine Weiterbildungsmaßnahme zu investieren. Der jüngere Mitarbeiter muss bei dieser rationalen Kosten-Nutzen-Entscheidung immer dem älteren vorgezogen werden.[26] Mit der Humankapitaltheorie kann somit erklärt werden, warum in den letzten Jahren ein sogenannter „Jugendwahn“ durch die Unternehmen ging. Von der Politik angereizt mit Vorruhestandsregelungen, nutzten viele Unternehmen die Möglichkeit, sich von „teuren“ älteren Mitarbeitern zu trennen. Auch wurden Ältere bei Weiterbildungsmaßnahmen weniger berücksichtigt, welches ihnen im Fall der Arbeitslosigkeit die Chancen auf eine Rückkehr in das Arbeitsleben aufgrund mangelnder Qualifikation verschlechterte. Unberücksichtigt bleibt die Bewertung des Erfahrungswissens. Es darf auch nicht vergessen werden, dass in manchen Branchen (z.B. Informationstechnologie) Arbeitnehmer aller Altersgruppen von einer immer kürzeren Halbwertszeit des Wissens betroffen sind, was letztendlich bedeutet, dass sich bei Jüngeren und Älteren die Weiterbildungsintensität mit dem Alter bestehen bleiben muss.

2.4 Die Suchtheorie

Eine weitere Theorie, die zur Erklärung einer erhöhten Arbeitslosigkeit Älterer verwendet werden kann, ist die Suchtheorie. Sie liefert interessante Ansätze zur Erklärung, warum Ältere nicht jede Arbeit annehmen, und in Verbindung mit dem Phänomen der „statistischen Diskriminierung“ (vgl. Abschnitt 2.5), warum Unternehmen sich dann scheuen, Ältere bzw. längere Zeit Arbeitslose wieder einzustellen.
Im Folgenden wird die Suchtheorie auf einen Arbeitnehmer angewendet, der arbeitslos ist und eine neue Stelle sucht. Man geht davon aus, dass bei den offenen Stellen die die Unternehmen anbieten, die Qualifikationsniveaus und somit, laut neoklassischer Theorie, auch die Löhne einer Normalverteilung unterliegen (vgl. Abbildung 4). Der Arbeitnehmer kennt seine Qualifikation, hat aber nur unvollständige Informationen bezüglich der Arbeitsplätze. Dem Arbeitslosen

[26] Vgl. BECKER (1993), S. 85 ff.

entstehen somit Suchkosten. Es wird nun angenommen, dass der Arbeitssuchende eine Stelle pro Periode mit einem bestimmten Qualifikationsniveau und dem dementsprechenden Lohn findet. Bekommt er nun diesen Arbeitsplatz angeboten, so kann er sich für oder gegen ihn entscheiden. Diese Entscheidung hängt von zwei Kriterien ab. Er wird erstens abwägen, ob er die Stelle annimmt und damit in Kauf nimmt, keine bessere Stelle zu finden, da er als Arbeitnehmer aus Zeitmangel nicht mehr so gut suchen kann. Und er wird zweitens die Stelle nur annehmen, wenn sie einen Mindestlohn entsprechend einem Qualifikationsniveau (w^a) hervorbringt. Seine Entscheidungsregel besagt also, nur Stellen anzunehmen, die mindestens seinem Akzeptanzlohn entsprechen (vgl. Abbildung 4 - schraffierte Fläche). Allerdings wird dem Suchenden auch eine zweite Grenze vorgegeben, nämlich seine höchste Qualifikation (w^q). Er wird also nur Stellen angeboten bekommen, für die er die benötigten Kenntnisse hat (w^{min} bis w^q).

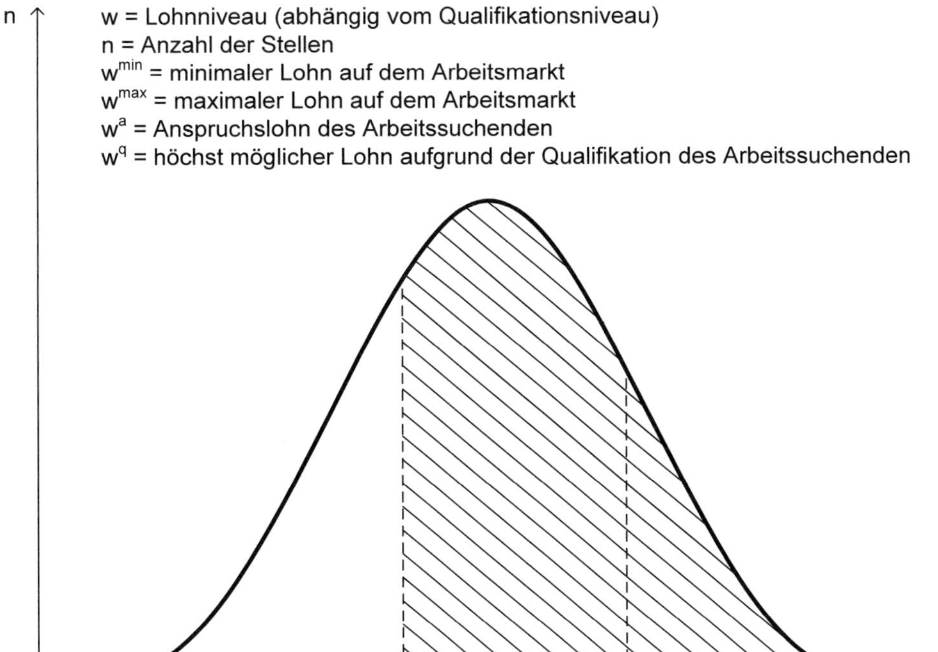

Abbildung 4: Verteilung der Lohnangebote und Akzeptanzbereich des Arbeitssuchenden[27]

Lehnt der Arbeitssuchende die Stelle aus oben genannten Gründen ab, so entstehen ihm wiederum Suchkosten (er muss in der neuen Periode von vorn

---

[27] Eigene Darstellung in Anlehnung WAGNER / JAHN (2004), S. 241.

beginnen, nach Arbeit zu suchen). Außerdem hat er Opportunitätskosten aus dem entgangenen Lohn der nicht angenommenen Stelle. Die Konsequenz liegt auf der Hand: Um die entstandenen Kosten zu amortisieren, muss der Arbeitssuchende seinen Akzeptanzlohn erhöhen. In der Abbildung bedeutet das eine Verschiebung von w^a nach rechts. Da w^q sich nicht ändert, verkleinert sich nun die Fläche zwischen w^a und w^q, was bedeutet, dass der Arbeitssuchende in der neuen Periode mit geringerer Wahrscheinlichkeit eine passende Stelle findet.[28] Resultat ist, dass die Länge der Suchdauer und damit die Länge der Arbeitslosigkeit mit dem Akzeptanzlohn ansteigen.[29]

Damit kann erklärt werden, warum ältere Arbeitslose länger nach annehmbaren Stellen suchen. Die Wahrscheinlichkeit, dass sie eine Arbeit finden ist schon ex ante geringer. Sie haben senioritätsbedingt höhere Löhne und dadurch gleich zu Beginn der Arbeitslosigkeit einen höheren Akzeptanzlohn. Ihre Ausgangsposition ist damit schlechter als die der jüngeren Arbeitslosen. Berücksichtigt man jetzt zusätzlich die Existenz einer Arbeitslosenversicherung, kann man erkennen, dass diese die Suche ebenfalls verlängert. Davon abgesehen, dass eine Transferzahlung wie Arbeitslosengeld manch einen überhaupt nicht mehr anreizt, nach Arbeit zu suchen (vgl. Neoklassische Theorie, Abschnitt 2.1), so verringert sie auch die (Ausgangs-)Suchkosten. Solange der Arbeitslose kumulierte Suchkosten hat, die von der Transferzahlung amortisiert werden, kann er es sich leisten, die Stelle, selbst wenn sie innerhalb seiner Grenzen (zwischen w^a und w^q) liegt, abzulehnen, in der Hoffnung, die nächste Stelle befindet sich näher an seiner oberen Qualifikationsgrenze (w^q) und bringt somit ein höheres Lohnniveau.[30] Obwohl dadurch auch die Opportunitätskosten des entgangenen Lohnes gesenkt werden, tritt der oben beschriebene Mechanismus jedoch auch für das Modell mit einer Arbeitslosenversicherung in Kraft, nur die Ausgangssituation motiviert den Arbeitslosen weniger, eine Stelle frühestmöglich anzunehmen. Die Politik versucht diesem Phänomen entgegenzuwirken, indem sie die Anspruchsdauer von Transferzahlungen begrenzt. Das Deutsche Institut für Wirtschaftsforschung (DIW) untersuchte anhand von Daten

---

[28] Verbindet man dies mit der Humankapitaltheorie und geht von einem Abbau von Humankapital aufgrund fehlender Praxis oder Weiterbildung während der Arbeitslosigkeit aus, so sinkt die Wahrscheinlichkeit noch stärker, da sich w^q nach links verschiebt.

[29] Vgl. FRANZ (2006), S. 211 ff.; SESSELMEIER / BLAUERMEL (1997), S. 83.

[30] Vgl. SESSELMEIER / BLAUERMEL, 1997, S. 84 ff.

der Jahre 1983 bis 1994 die Abgangsquoten[31] von arbeitslosen Männern und konnte nachweisen, dass sich tatsächlich deutliche Mitnahmeeffekte belegen lassen. Abbildung 5 zeigt die Ergebnisse: Man kann eindeutig erkennen, dass die Abgangsquote mit Dauer der Arbeitslosigkeit sinkt und erst bei denen, die nach zwölf Monaten keine Arbeitslosenhilfe beziehen, sprunghaft ansteigt.[32] Wenn man davon ausgeht, dass ein Älterer nach einer längeren Arbeitszeit, wie es z.B. in Deutschland (noch) der Fall ist, auch für einen längeren Zeitraum Arbeitslosenunterstützung bekommt, so kann damit ebenfalls eine längere Verweildauer in der Arbeitslosigkeit begründet werden. Die Suchtheorie liefert gute allgemeine Ansatzpunkte, doch sie muss sich, wie oben erwähnt, auch einige Kritik gefallen lassen. So ist z.B. die Annahme einer Gleichverteilung der Löhne eine sehr idealisierte Prämisse. Ändert sich nämlich die Lohnstruktur auf dem Arbeitsmarkt, was eine Verschiebung der Verteilungskurve zur Folge hätte, so würden sich die Chancen des einzelnen Arbeitslosen schlagartig verbessern bzw. verschlechtern.[33]

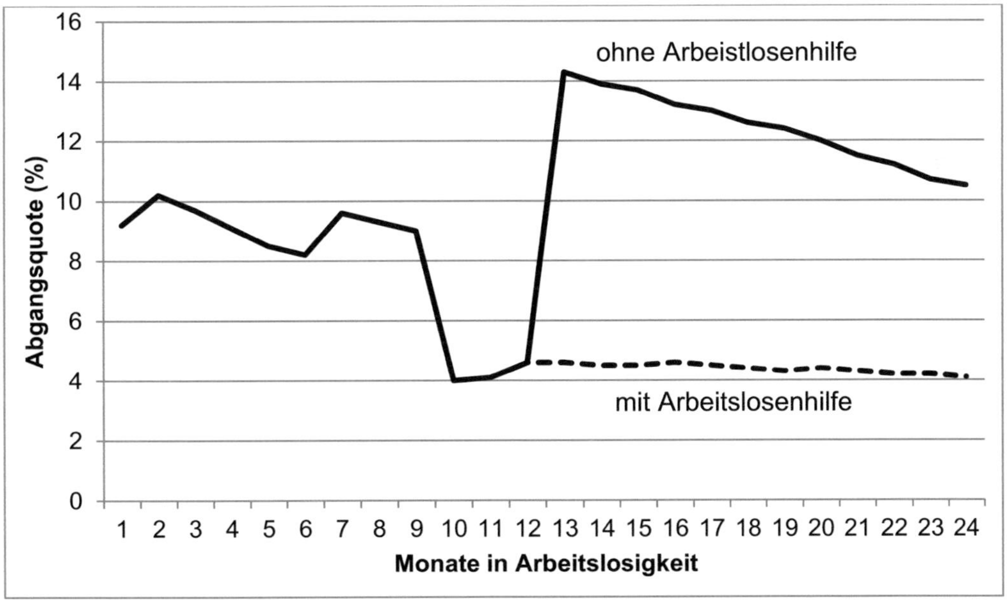

[31] Die Abgangsquote beschreibt den prozentualen Anteil aller Arbeitslosen, die zu einem bestimmten Zeitpunkt wieder in ein Arbeitsverhältnis gehen.
[32] Vgl. STEINER (2003), veröffentlicht im Internet (12.11.2006).
[33] Eine ausführliche Übersicht der Kritiken an der allgemeinen Suchtheorie findet man bei SESSELMEIER & BLAUERMEL (1997), S. 87-91.

Abbildung 5: Abgangsquoten aus Arbeitslosigkeit von Männern ohne und mit Arbeitslosenhilfe[34]

2.5 Die Theorie der statistischen Diskriminierung

Ein weiteres Problem, mit dem sich ältere Menschen konfrontiert sehen, ist die Diskriminierung. Allgemein bedeutet Diskriminierung, dass nicht aufgrund rationaler Entscheidungen, sondern mit persönlichen Präferenzen (z.B. Sympathieentscheidungen) eine Auswahl getroffen wird. Man könnte Diskriminierung auch als „rational“ bezeichnen, wenn man alle tatsächlich rationalen Merkmale verglichen hat und danach zwischen zwei immer noch gleichwertigen Alternativen wählen müsste. Diskriminierende Entscheidungen werden jedoch oft vor einer rationalen Auswahl getroffen, was nichts anderes bedeutet, als dass eine Fehlallokation stattfindet und mit der Wahl letztendlich nicht das beste Ergebnis erreicht wird.

Vor allem die statistische Diskriminierung betrifft Ältere. Ausgangspunkt ist die Annahme unvollständiger Information. Diese Form der Diskriminierung findet allerdings nicht auf individueller Ebene statt, sondern es werden repräsentative Eigenschaften bestimmter Gruppen auf den Einzelnen übertragen. Vor allem bei der Personalauswahl geschieht dies häufig. Da das Unternehmen die individuellen Fähigkeiten des Arbeitnehmers nicht sofort beurteilen kann, benutzt es u.a. die Eigenschaften der Gruppe, der der Bewerber zugerechnet wird, als Signal. Betrachtet das Unternehmen die Entscheidungen ex post und auf Gruppenebene, so stimmen diese Eigenschaften auch, was diese wahrscheinlichkeitsbasierte Auswahl legitimiert. Im Einzelfall kommt es jedoch zu falschen (diskriminierenden) Entscheidungen. Dieses Phänomen wird auch als „Adverse Selection“ bezeichnet.[35] Ältere sind davon besonders betroffen, da dieser Gruppe z.B. verminderte Leistungsfähigkeit zugesprochen wird. Nicht selten hängt vom ersten Blick auf das Alter eines Bewerbers schon die Entscheidung über die weitere Berücksichtigung im Bewerbungsprozess ab.[36]

[34] Eigene Darstellung aus Daten von STEINER (2003).
[35] Vgl. SESSELMEIER & BLAUERMEL (1997), S. 71ff.
[36] Vgl. BOSCH (2004), veröffentlicht im Internet (27.2.2007).

3 Die europäische Beschäftigungspolitik

3.1 Die demographische Entwicklung als Herausforderung für Europa

Im Jahr 2004 lebten in der Europäischen Union[37] rund 458 Millionen Menschen.[38] Die Bevölkerungszahl wächst noch, wenn auch in einem degressiven Maß. Theoretisch betrachtet, schrumpft die Europäische Union schon seit den 1970er Jahren. Grund dafür ist die nicht ausreichende Geburtenrate, von ca. 2,1 Kindern pro Frau, die in dieser Dekade unterschritten wurde. Diese Rate nahm seitdem weiter ab, verzeichnet aber seit der Jahrtausendwende wieder einen - wenn auch sehr geringen - Anstieg. Die Geburtenrate beträgt aktuell 1,5 Kinder pro Frau. Die EU ist Migrationsziel, so dass die Einwanderer die natürliche Schrumpfung kompensieren. Ein zweiter Kompensationsgrund ist die ansteigende Lebenserwartung der Einwohner der EU. Daraus resultierend steigt das Verhältnis von Alten und Jungen.[39] Die vier Grafiken in Abbildung 6 veranschaulicht diese Beobachtungen.

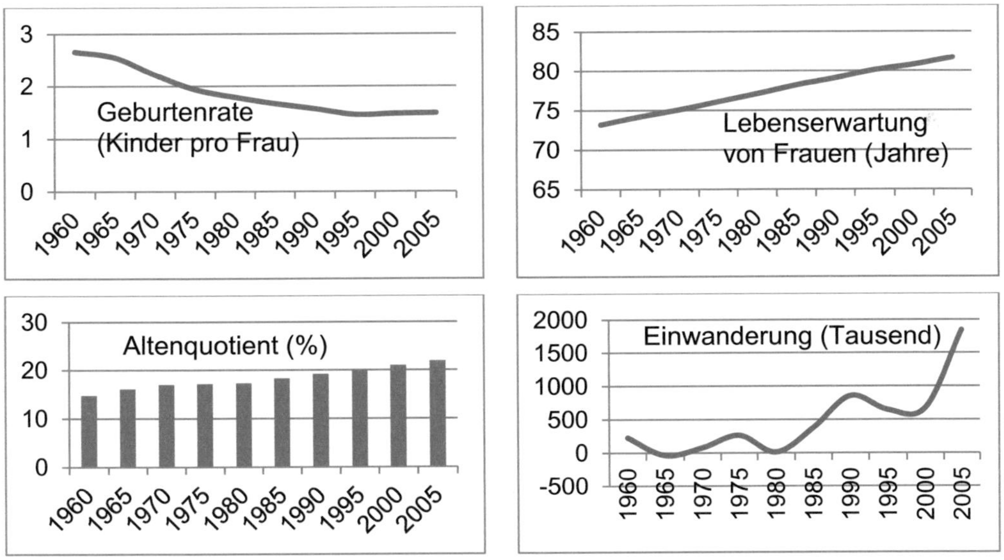

Abbildung 6: Historische Entwicklung von Geburtenrate, Lebenserwartung (Frauen), Altenquotient und Einwanderung in der Europäischen Union[40]

[37] Um eine bessere Vergleichbarkeit zu gewährleisten, wurde „Europa" auf die Europäische Union der 25 Staaten (ohne Bulgarien und Rumänien) eingegrenzt.
[38] Vgl. EUROPÄISCHE KOMMISSION (2006), S. 37.
[39] Vgl. EBENDA.
[40] Eigene Darstellungen aus Daten von EUROPÄISCHE KOMMISSION (2006).

Zusammen betrachtet wird dieses Phänomen als „demographischer Wandel" bezeichnet. Diese tiefe strukturelle Veränderung wird sich weiter verschärfen. Vorausberechnungen von Eurostat zufolge wird im Jahr 2025, geht man von einer durchschnittlichen Basisvariante[41] aus, der Höhepunkt der Einwohnerzahl erreicht sein. Ab diesem Jahr wird die Einwohnerzahl wieder zurückgehen. Da aber die Lebenserwartung weiter ansteigt, erhöht sich auch die Quote der Älteren. Im Jahr 2050 wird jeder dritte EU-Bürger über 55 Jahre alt sein.[42]

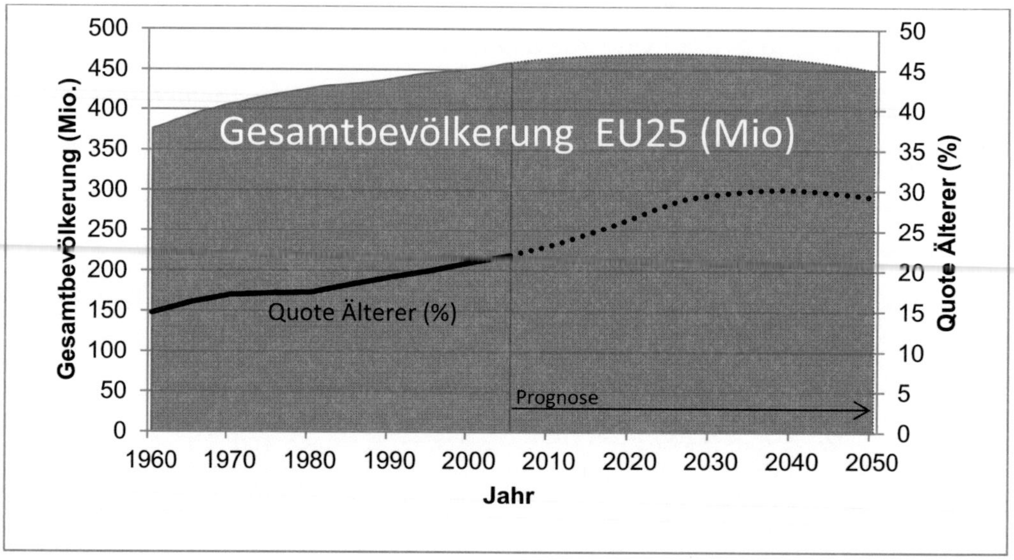

Abbildung 7: Historische und prognostizierte Entwicklung der Bevölkerung und der Altenquote in der Europäischen Union[43]

Diese Erkenntnisse waren und sind den politischen Gremien der Europäischen Union bekannt, wie im Übrigen auch den einzelnen Staaten, die sich ebenfalls mit dem Thema befasst haben. Im Folgenden soll nun der politische Umgang auf EU-Ebene mit der demographischen Herausforderung kurz beschrieben werden, weil dieser, resultierend in Regeln, Normen bzw. Richtlinien, direkten und indirekten Einfluss auf die politischen Entscheidungen in den einzelnen Mitgliedsstaaten hatte und hat.

---

[41] Bevölkerungsprognosen werden unter verschieden Prämissen bzgl. Geburtenrate, Lebenserwartung und Migration durchgeführt. Basisvarianten enthalten im Allgemeinen mittlere Schätzwerte zu den genannten Prämissen.
[42] Vgl. EUROSTAT (2005a), veröffentlicht im Internet (12.9.2006).
[43] Eigene Berechnungen und Darstellung aus Daten von EUROPÄISCHE KOMMISSION (2006) und EUROSTAT (2005a), veröffentlicht im Internet (12.9.2006).

3.2 Die Politik für Ältere bis zum Jahr 2000

Die demographischen Herausforderungen in der Europäischen Union (bis 1. November 1993 Europäische Gemeinschaft) finden seit den 1980er Jahren in der Politik Berücksichtigung. Eine erste „Entschließung [...] zu der Stellung und den Problemen älterer Menschen“[44], wird im Jahr 1982 dokumentiert. Es folgen regelmäßig Resolutionen und Beschlüsse, die sich u.a. mit dem Thema „Gleichbehandlung“ beschäftigen. In den 1990er Jahren gewinnt das Thema „Ältere“ weiter an Bedeutung. Es wird eine Verbindungsgruppe geschaffen, die sicherstellen soll, dass den älteren Bürgern auf allen Instanzen der Europäischen Union Gehör verschafft wird. Ein deutliches Zeichen, dass die Sensibilisierung weiter zunimmt, ist das „Europäische Jahr der älteren Menschen und der Solidargemeinschaft der Generationen“ 1993. Daraus folgend wird 1994 ein so genanntes Weißbuch[45] "Europäische Sozialpolitik – ein zukunftsweisender Weg für die Union" zusammengestellt, in dem „weitere unionsweite Maßnahmen zur Bewältigung der Aufgaben im Zusammenhang mit der weiteren Überalterung der Bevölkerung“ beschlossen wurden.[46]

3.3 Berücksichtigung in der Arbeitsmarktpolitik

Im Jahr 2000 fand erstmals die demographische Entwicklung Berücksichtigung in der Arbeitsmarktpolitik der Europäischen Union. Auf einer Sondersitzung des Europäischen Rates in Lissabon wurden im Rahmen der Erklärung zur strategischen Ausrichtung[47] der EU für das nächste Jahrzehnt explizite Ziele zur allgemeinen Erwerbsquotensteigerung der Bevölkerung gesetzt. Es wurde festgelegt, dass bis zum Jahr 2010 die allgemeine Erwerbsquote auf 70 Prozent steigen sollte. Dies geschah mit explizitem Hinweis auf Prognosen des Rück-

---

[44] EUROPÄISCHE KOMMISSION (1998), veröffentlicht im Internet (9.8.2006).

[45] Ein Weißbuch ist eine zur Information der Öffentlichkeit von einer staatlichen Stelle erarbeitete Zusammenstellung von Dokumenten, Statistiken o. Ä. zu einem bestimmten Bereich.

[46] Vgl. EUROPÄISCHE KOMMISSION (1998), veröffentlicht im Internet (9.8.2006).

[47] Das strategische Ziel, das man auf dieser Konferenz formulierte, ist, dass die Europäische Union bis 2010 „der wettbewerbsfähigste und dynamischste wissensbasierte Wirtschaftsraum der Welt [werden soll], [...] fähig zu nachhaltigem wirtschaftlichem Wachstum mit mehr und besseren Arbeitsplätzen und größerem sozialen Zusammenhalt.“ EUROPÄISCHER RAT (2000), veröffentlicht im Internet (7.8.2006).

gangs des Erwerbspersonenpotenzials.[48] Die demographische Entwicklung wurde hier jedoch nur implizit berücksichtigt. Es wurde lediglich festgestellt, dass „die demografische Struktur im Wandel begriffen [ist]. Der Anteil älterer Menschen an der Bevölkerung ist größer denn je zuvor. Wir leben länger und sind länger aktiv als früher. [...] Im Interesse einer nachhaltigen Entwicklung unserer Gesellschaften müssen diese Tendenzen gebührend berücksichtigt werden."[49]

Eine explizite Berücksichtigung älterer Arbeitnehmer findet man nicht. Trotzdem kann und wird der Rat von Lissabon als Geburtsstunde der Europäischen Arbeitsmarktpolitik für Ältere bezeichnet, weil, aufbauend auf den oben genannten Zielen, bereits genau ein Jahr später, auf dem Rat von Stockholm, die Ziele konkretisiert wurden. Es wurde die Absicht bekundet, die Erwerbsquote Älterer bis zum Jahr 2010 auf 50 Prozent zu erhöhen.[50] Zum damaligen Zeitpunkt lag diese Quote für die EU[51] bei 38,8 Prozent.[52]

3.4 Start von Initiativen

3.4.1 Die europäische Beschäftigungsstrategie

Anhand dieser konkreten Erwerbsquotenzahlen und -ziele wurde die Europäische Beschäftigungsstrategie (EBS) als Erfüllungsinstrument weiterentwickelt. Ursprünglich auf dem Beschäftigungsgipfel 1997 ins Leben gerufen, um der hohen Arbeitslosigkeit in den Ländern der Europäischen Union mit einer gemeinsamen Strategie entgegenzutreten, erlebte die EBS 2002, nach dem Rat von Stockholm eine Wiederbelebung. Bis dato spielte sie eher eine Koordinationsrolle zwischen den Mitgliedern der EU. Praktisch wurden jährlich Leitlinien verfasst, an denen sich die einzelnen Länder in ihrer nationalen Arbeitsmarktpolitik orientieren sollten. Die Ergebnisse aus der den jährlichen Evaluationen wurden berücksichtigt um neue Leitlinien[53] zu formulieren.[54] Nach

[48] Vgl. EUROPÄISCHER RAT (2000), veröffentlicht im Internet (7.8.2006).
[49] RAT DER EUROPÄISCHEN UNION (2001), veröffentlicht im Internet (9.8.2006).
[50] Vgl. EUROPÄISCHER RAT (2001), veröffentlicht im Internet (7.8.2006).
[51] Zu dem Zeitpunkt waren in der Europäischen Union noch 15 Staaten zusammengeschlossen.
[52] Vgl. EUROSTAT (2006), veröffentlicht im Internet (9.8.2006).
[53] Eine chronologische Übersicht über die Leitlinien seit 1998 findet man auf http://ec.europa.eu/employment_social/employment_strategy/guidelines_de.htm.

fünf Jahren, also rechtzeitig nach Bekanntgabe der Lissabon- und vor allem der Stockholm-Ziele, wurde die EBS im Jahr 2002 selbst evaluiert. Es konnten zwar Erfolge auf EU-weiter Ebene verzeichnet werden (über 10 Millionen neue Arbeitsplätze wurden geschaffen, die Zahl der Arbeitslosen ging um 4 Millionen zurück und die Zahl der Erwerbspersonen stieg um 5 Millionen), doch in den einzelnen Staaten gab es sehr große Unterschiede in der Entwicklung dieser Indikatoren.[55]

3.4.2 Berücksichtigung Älterer in der EBS

Die in Unterabschnitt 3.4.1 genannten Evaluationen forderten eine Anpassung der europäischen Beschäftigungsstrategie. Sie wurde gestrafft (hauptsächlich wurden die periodischen Zeitabläufe von der Politikformulierung zur -umsetzung optimiert), und neue Aspekte wurden aufgrund der Erkenntnisse der Räte in Lissabon und Stockholm berücksichtigt. Das Erwerbspotenzial der älteren Bürger der Europäischen Union fand nun endlich explizite Anerkennung. In dem Bericht „Erhöhung der Erwerbsbeteiligung und Förderung des aktiven Alterns" stellte man fest, dass „[die] Erhöhung der Erwerbsbeteiligung [...] unerlässlich [ist], wenn die in der Lissabonner Strategie festgelegten Zielvorgaben für die Erwerbstätigenquote erreicht werden sollen; sie ist daher ein Kernpunkt der europäischen Beschäftigungsstrategie."[56] Bei der anschließenden Erläuterung, wie das „Gesamtziel" (Erhöhung der Erwerbsbeteiligung) erreicht werden sollte, wurden drei Aspekte genannt, wobei sich zwei davon explizit auf das Erwerbspersonenpotenzial der Älteren bezogen: Erstens sollte sichergestellt werden, dass gegenwärtige und zukünftige Arbeitnehmer mit zunehmendem Alter erwerbstätig bleiben, und zweitens sollte die Verlängerung der Erwerbsbeteiligung der heutigen älteren Arbeitnehmer forciert werden.[57] Dies sollte durch die

---

[54] Vgl. EUROPÄISCHE KOMMISSION (2005a), veröffentlicht im Internet (10.8.2006).
[55] Vgl. EUROPÄISCHE KOMMISSION (2002), S. 5 ff., veröffentlicht im Internet (10.8.2006).
[56] RAT DER EUROPÄISCHEN UNION (2002), S. 4, veröffentlicht im Internet (11.8.2006).
[57] Vgl. EBENDA, S.13, veröffentlicht im Internet (11.8.2006).

allmähliche Erhöhung des Rentenzugangsalters[58] um fünf Jahre bis 2010 erreicht werden.[59]

3.4.3 Die „Taskforce Beschäftigung"

Die konjunkturelle Lage in der EU[60] führte zu keiner positiven Entwicklung der Beschäftigungsquote. Die einhergehende negative Entwicklung der Arbeitslosenzahlen nach dem Boom-Jahr 2000 veranlasste die Staats- und Regierungschefs im Frühjahr 2003, eine „Taskforce Beschäftigung" unter dem Vorsitz des holländischen Ex-Premierministers Wim Kok einzuberufen. Dieser brachte die bis dato unzureichenden Anstrengungen der Mitglieder der EU auf den Punkt: „Den hehren Worten, die vor mehr als drei Jahren in Lissabon gesprochen wurden, müssen Taten folgen."[61] Die Taskforce war ein Instrument, das die Ziele der EBS spezifizierte und sich vor allem auf das *Wie* konzentrierte, d.h. praktische Lösungsansätze bot. Somit wurden die oben genannten Aspekte aus dem Bericht „Förderung des aktiven Alterns" (vgl. Abschnitt 3.4.2) in folgenden drei Handlungslinien konkretisiert:

1. Arbeitnehmer müssen gesetzlich und finanziell angereizt werden, länger zu arbeiten, und auch Arbeitgeber müssen Anreize bekommen, ältere Arbeitnehmer einzustellen bzw. weiter zu beschäftigen.

2. Die Teilnahme an Aus- und Weiterbildungen für alle Erwerbsgruppen, insbesondere gering Qualifizierte und Ältere, muss erhöht werden.

3. Die Qualität der Arbeit muss verbessert werden.

---

[58] Das Rentenzugangsalter ist das Alter, mit dem die Arbeitnehmer tatsächlich in Rente gehen. Dagegen ist das gesetzliche Rentenalter, das vom Gesetzgeber vorgesehene Alter mit dem die Arbeitnehmer in Rente gehen sollen.

[59] Vgl. EUROPÄISCHER RAT (2002), S. 13, veröffentlicht im Internet (17.8.2006).

[60] Die Konjunktur entwickelte sich seit dem Jahr 2000 eher verhalten. Nachdem in diesem Jahr noch ein durchschnittliches Wachstum des Bruttoinlandsprodukts von 3,5 Prozent zu verzeichnen war, verringerte sich dieses auf 1,4 Prozent in 2001, ein Jahr später sogar auf 0,8 Prozent. Vgl. DEUTSCHES INSTITUT FÜR WIRTSCHAFTSFORSCHUNG (2003), veröffentlicht im Internet (15.8.2006).

[61] TASKFORCE BESCHÄFTIGUNG (2003a), S. 3, veröffentlicht im Internet (17.8.2003).

Diesen Punkten wurde nochmals explizit der Hinweis hinzugefügt, dass der Frühverrentung[62] Einhalt geboten werden muss und „Arbeit mit 60 Jahren" zur Norm werden sollte.[63]

Im Einzelnen sah man folgende Mittel und Wege, die drei Zielvorstellungen in die Tat umzusetzen:

Zu 1. a) Anreiz der Arbeitnehmer

- In einer Rentenreform sollten Anreize zum Vorruhestand abgeschafft werden und Anreize gesetzt werden, länger im Job zu bleiben (z.B. durch Sanktionen bzw. Prämien bei der Rentenzahlung bei vorzeitigem bzw. verspätetem Renteneinstieg).
- In Form eines flexiblen Übergangs in den Ruhestand können ältere Arbeitnehmer sukzessive über Teilzeit in den Ruhestand gleiten. Dies kann in Form von geringeren Sozialabgaben oder vollen Rentenansprüchen gefördert werden.

zu 1. b) Anreiz der Arbeitgeber

- Diese können durch Lohnzuschüsse oder Steuervergünstigungen ermuntert werden, ältere Arbeitnehmer einzustellen. Jedoch müssen diese Instrumente längerfristig ausgelegt sein, da die Beschäftigung Älterer für die Unternehmen Normalität werden soll.

zu 2. Teilnahme an Ausbildungen

- Im Kontext des „lebenslangen Lernens"[64] sollen vor allem ältere Arbeitnehmer durch spezielle Programme, die Ausbildung und Stellenvermittlung bzw. Bildung und Arbeit kombinieren, gefördert werden.

---

[62] Frühverrentung bezeichnet den Eintritt in die Rente vor dem gesetzlichen Rentenalter.
[63] Vgl. TASKFORCE BESCHÄFTIGUNG (2003a), S. 7, veröffentlicht im Internet (17.8.2003).
[64] „Lebenslanges Lernen" war auch ein Bestandteil der Lissabon-Strategie, um vor allem das „wissensbasierte" Wirtschaftssystem zu erreichen. In Deutschland wurde der Begriff ebenfalls 2002 populär und in der „Strategie für das Lebenslange Lernen in der Bundesrepublik Deutschland" manifestiert. Vgl. BUND-LÄNDER-KOMMISSION FÜR BILDUNGSPLANUNG UND FORSCHUNGSFÖRDERUNG (2004), S. 4 ff., veröffentlicht im Internet (17.8.2006).

zu 3. Verbesserung der Arbeitsqualität

- Die Arbeitsbedingungen für Ältere sollen positiv verändert werden, indem Übergänge zur Teilzeit sowie Unterbrechungen ermöglicht und die allgemeinen (Gesundheits-) Schutzmaßnahmen verbessert werden, so dass die Arbeit als dem höheren Alter angepasst bezeichnet werden kann.[65]

Angehängt wurden dem Bericht explizite Handlungsempfehlungen für jeden Mitgliedsstaat der EU sowie alle zukünftigen Staaten, die zum 1. Mai 2004 der Europäischen Union beitreten sollten. So erhielt jedes Land nun erstmals „schwarz auf weiß" seine „Hausaufgaben", um die ganzheitliche Strategie einer allgemeinen Erwerbssteigerung (es wurden alle Altersgruppen in den Empfehlungen berücksichtigt) umzusetzen.[66]

Die oben genannten drei Zielvorstellungen (Anreize schaffen, Weiterbildung fördern, Arbeitsqualität verbessern), die von der Taskforce Beschäftigung herausgearbeitet wurden, bilden im folgenden Kapitel die Grundlage für die Analyse der Umsetzung der EU-Handlungsempfehlungen für die Arbeitsmarktpolitik für Ältere in Deutschland sowie den „Best-Practice-Ländern" Finnland und Großbritannien.

---

[65] Vgl. TASKFORCE BESCHÄFTIGUNG (2003a), S. 40 ff., veröffentlicht im Internet (17.8.2006).
[66] Vgl. TASKFORCE BESCHÄFTIGUNG (2003b), S. 3 ff., veröffentlicht im Internet (17.8.2006).

4 Die Länderstudien

4.1 Begründung der Vergleichsländer

Zur Auswahl der Vergleichsländer wurden hauptsächlich quantitative Kriterien herangezogen. Zu allererst war klar, dass die Vergleichsländer in gesellschaftlicher, politischer und wirtschaftlicher Struktur ähnlich zu Deutschland sein sollten. In Europa und vor allem in der Europäischen Union (EU) ist dies der Fall. Im Zuge der vergangenen und zukünftigen Harmonisierung des EU-weiten Wirtschaftsraums und den Anstrengungen eine einheitliche Europapolitik zu machen, waren somit die Länder, die der Union angehören die Ausgangskandidaten, die ich in einer ersten Analyse betrachtete. Da später auch Handlungsempfehlungen und Anregungen für Deutschland getätigt werden sollten, war klar das ich mich bei der Auswahl auf „Erfolgsländer“ konzentrierte. Als Merkmale wurden makroökonomischen Größen Arbeitslosenquote (ALQ) und Erwerbsquote (EWQ) Älterer[67] untersucht. Letztere war auch interessant, weil diese in der Lissabonstrategie explizit als Kriterium festgeschrieben war. Betrachtete man die Erwerbsquote Älterer der EU-Staaten so konnte man in den skandinavischen Ländern eine hohe Beteiligung Älterer ausmachen. Schweden (69,4%), Dänemark (59,5%), Großbritannien (56,9%), Finnland (52,7%) sowie Irland, Zypern und Portugal mit rund 51% sind hier erfolgreiche Länder, die das Kriterium der Lissabonstrategie schon im Betrachtungszeitrum 2005 erfüllt hatten. Nun wurde der Verlauf der Quote in den letzten Jahren ab 1990 beobachtet. Alle Quoten sind seitdem zwischen 3 bis 10 Prozentpunkte gestiegen. Finnland fiel hier zweifach aus der Reihe. Erstens lag die EWQ Finnlands (rund 35 %) den 1990er Jahren unter der in Deutschland (rund 37%) und zweitens konnte Finnland diese danach aber im Gegensatz zu allen anderen potenziellen Vergleichsländern am stärksten steigern, um fast 20 Prozentpunkte seit dem Tiefstand 1994.[68] Abbildung 8 zeigt die Entwicklungen der Erwerbsquoten Älterer in Deutschland und Finnland, sowie in Großbritannien, dass als zweites Vergleichsland ausgewählt wurde.

[67] Hier wurden Ältere im Alter von 55-64 Jahren betrachtet.
[68] Vgl. EUROSTAT (2006), veröffentlicht im Internet (14.8.2006).

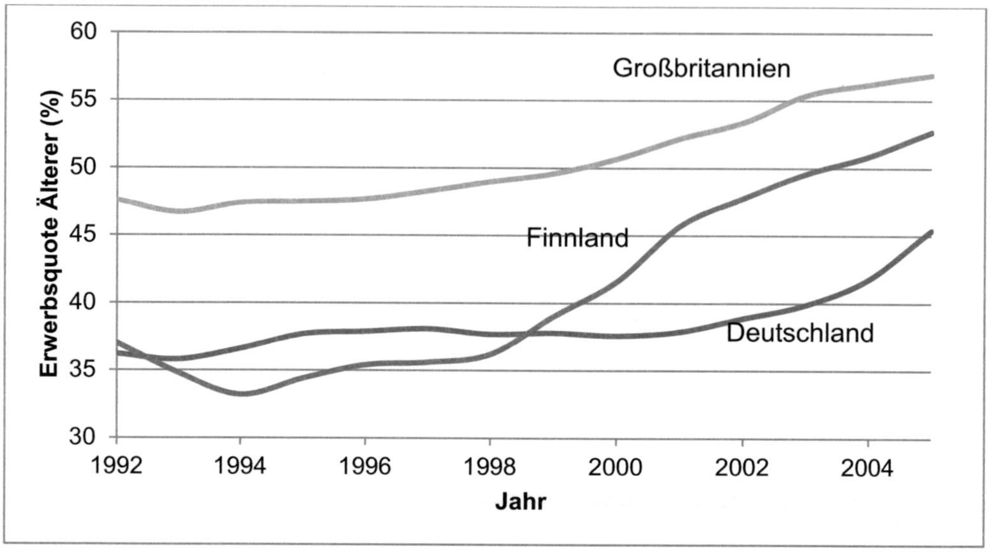

Abbildung 8: Entwicklung der Erwerbsquoten Älterer in Deutschland, Finnland und Großbritannien[69]

Eine ähnliche Vorgehensweise wurde bei der Auswahl des Vergleichslandes aufgrund der Arbeitslosenquote von Älteren gewählt. Betrachtet man die Quoten im Jahr 2005 so war Luxembourg der erfolgreichste Staat in der EU. Aufgrund seines Stadtstaatencharakters mit geringer Einwohnerzahl und besonderer Wirtschaftsstruktur konnte es allerdings nicht als Vergleichsland ausgewählt werden. Es folgten Großbritannien mit einer ALQ von 2,7 Prozent, Irland (2,9%) und danach Griechenland, Italien und Österreich mit jeweils rund 3 Prozent. Diese drei Länder hatten in ihrer vergangenen Entwicklung allerdings steigende Arbeitslosenquoten zu verzeichnen. In Irland und Großbritannien sind sie seit den 1990er Jahren gefallen.[70] Da beide Länder jedoch eine relativ gleiche Entwicklung vorzuweisen hatten wurde nochmal die Erwerbsquote als zweites Kriterium herangezogen, was letztendlich zur Auswahl von Großbritannien als weiteres Vergleichsland führte. Zuletzt wurde noch überprüft, ob ausreichend Quellen für eine Analyse beider Länder vorhanden waren. Abbildung 9 zeigt die Entwicklungen der Arbeitslosenquoten in Deutschland, Finnland und Großbritannien.

[69] Eigene Darstellung aus Daten von EUROSTAT (2006), veröffentlicht im Internet (14.8.2006).
[70] Vgl. OECD STATISITICS (2006), veröffentlicht im Internet (25.12.2006).

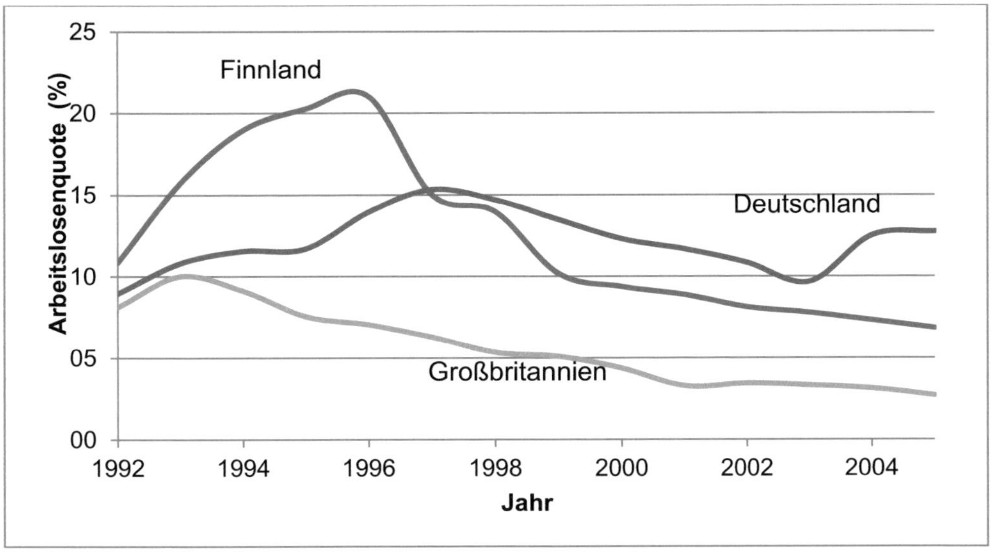

Abbildung 9: Entwicklung der Arbeitslosenquoten Älterer in Deutschland, Finnland und Großbritannien[71]

4.2 Deutschland

4.2.1 Die demographische Entwicklung in Deutschland

An die Schlagzeile „Bevölkerungsrückgang hält an", wie sie zum Jahresbeginn vom Statistischen Bundesamt am 5. Januar 2007 auf dessen Internetseite stand, wird man sich gewöhnen müssen.[72] Nicht erst, seitdem das Bundeskabinett im Herbst 2006[73] die „Maßnahmen zur Alterssicherung und mehr Beschäftigung im Alter", welche landläufig unter den Begriffen „Initiative 50plus" und „Rente mit 67" bekannt geworden sind, beschlossen hat, ist das Problem des demographischen Wandels in Deutschland ein Thema.[74] Wie die Frankfurter Allgemeine Zeitung in ihrem „Grundkurs Demographie" schreibt, ist Deutschland, was den demographischen Wandel betrifft, „Weltmeister".[75] Hier begann nämlich der Bevölkerungsrückgang aufgrund einer niedrigen Geburtenrate weltweit am frühesten, bereits 1967 in den alten Bundesländern und 1964 in der

[71] Eigene Darstellung aus Daten von OECD STATISITICS (2006), veröffentlicht im Internet (25.12.2006).
[72] Vgl. STATISTISCHES BUNDESAMT (2007a), veröffentlicht im Internet (5.1.2007).
[73] Am 13. September 2006 wurde die „Initiative 50plus" sowie am 29. November 2006 das „Rentenversicherungs-Altersgrenzenanpassungsgetz" („Rente mit 67") beschlossen.
[74] Vgl. BUNDESMINISTERIUM FÜR ARBEIT UND SOZIALES (2006b), veröffentlicht im Internet (4.1.2007).
[75] Vgl. Frankfurter Allgemeine Zeitung (2005), S. 35.

damaligen DDR. Dass Deutschland trotzdem bis 2003 noch eine wachsende Bevölkerungszahl hatte, liegt einzig und allein an einer Zuwanderung, die die Schrumpfungsfaktoren kompensierte.[76]

Geht man von den Schätzungen aus, die das Statistische Bundesamt 2006 in seiner Studie „11. Koordinierte Bevölkerungsvorausschätzung" machte, so fällt, je nachdem, welche Annahmen zur Geburtenrate, Lebenserwartung und zum Wanderungssaldo gemacht wurden[77], die Bevölkerungsanzahl im Jahr 2050 auf einen Wert zwischen 68,8 und 77,6 Millionen Einwohner. In einer mittleren Variante geht man von rund 74 Millionen Einwohnern aus.[78] Abbildung 10 zeigt diese Entwicklungen in den beschriebenen Varianten.

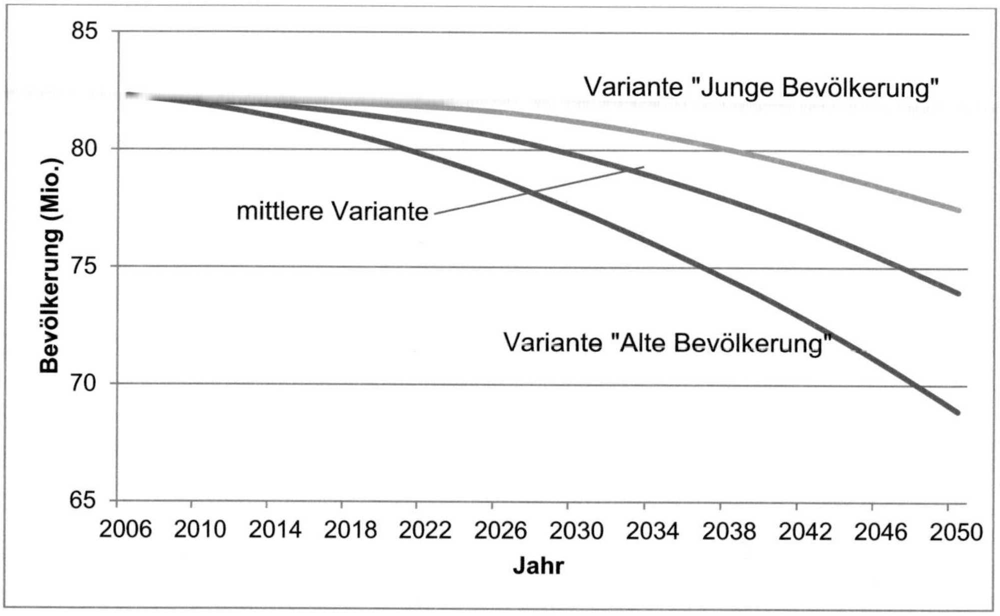

Abbildung 10: Geschätzte Entwicklungen der Bevölkerungszahl bis 2050 in Deutschland[79]

---

[76] Vgl. STATISTISCHES BUNDESAMT (2006b), S. 25.

[77] Mittlere Variante (Variante 1-W2): Die Geburtenhäufigkeit liegt konstant bei 1,4 Kindern pro Frau, die Lebenserwartung bei Geburt steigt bis 2050 für Mädchen auf 88,0 und für Jungen auf 83,5 Jahre; der Wanderungssaldo der Bevölkerung beträgt 200 000 jährlich.
„Junge Bevölkerung" (Variante 3-W2): Die Geburtenhäufigkeit steigt bis 2025 auf 1,6 Kinder und bleibt ab dann konstant, Lebenserwartung 88/83,5 Jahre, Wanderungssaldo 200 000 jährlich.
„Alte Bevölkerung" (Variante 6-W1): Geburtenhäufigkeit sinkt bis 2050 auf 1,2 Kinder, Lebenserwartung 89,8/85,4 Jahre, Wanderungssaldo 100 000 jährlich. Vgl. EISENMENGER / PÖTZSCH / SOMMER (2006), Anhang A.

[78] Vgl. STATISTISCHES BUNDESAMT (2007b), veröffentlicht im Internet (4.1.2007).

[79] Eigene Darstellung aus Daten von STATISTISCHES BUNDESAMT (2007b), veröffentlicht im Internet (4.1.2007).

Außerdem stellt sich ein weiteres Phänomen ein. Nicht nur die Zahl der Bevölkerung ändert sich, sondern auch deren Struktur. Die immer weiter ansteigende Lebenserwartung in Verbindung mit einer zu niedrigen Geburtenrate führt schon seit den 1970er Jahren unweigerlich zu einer Alterung der Gesellschaft.[80]

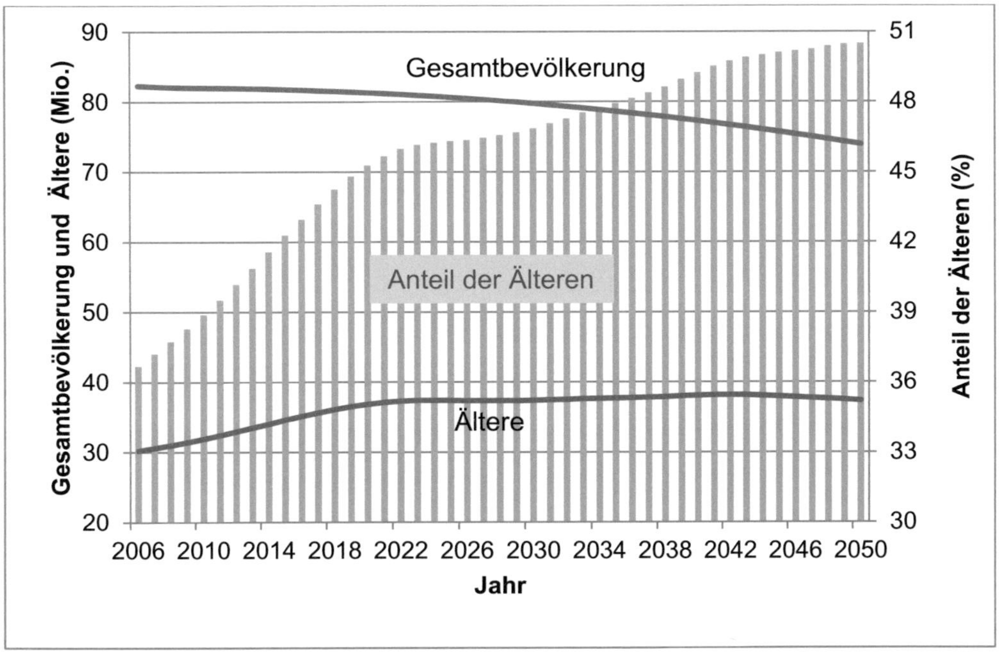

Abbildung 11: Entwicklung der Gesamtbevölkerung und der älteren Bevölkerung sowie deren prozentualer Anteil[81]

Abbildung 11 zeigt den ansteigenden Anteil Älterer an der Bevölkerung bei der mittleren Berechnungsvariante des Statistischen Bundesamtes. Obwohl man erkennen kann, dass die „aktive" Alterung, also der nominale Anstieg der über 50-Jährigen, nur bis zum Jahr 2022 anhält und sich danach die Zahl dieser Bevölkerungsgruppe bei ungefähr 38 Millionen einpendelt, so steigt doch der Anteil der Älteren an der Gesamtbevölkerung aufgrund deren anhaltender Schrumpfung weiter an. Somit wird im Jahr 2044 der Punkt erreicht, an dem die Zahl der Älteren die Zahl der Jungen übersteigt. Die berechneten Werte zeigen ab diesem Jahr auch einen Rückgang der älteren Bevölkerungsschicht. Ob das wirklich der Fall sein wird, kann man aufgrund der vielen Varianten der

---

[80] Vgl. STATISTISCHES BUNDESAMT (2006b), S. 31.
[81] Eigene Darstellung aus Daten von STATISTISCHES BUNDESAMT (2006b), S. 31.

Prognostizierung nicht genau sagen. Für genaue Prognosen über das Jahr 2050 hinaus sollte deshalb die nächste Volkszählung in den Jahren 2010/2011 abgewartet werden.[82]

4.2.2 Die Entwicklung der Erwerbsbevölkerung

Besonders interessant, vor allem in Bezug auf die aktuelle Diskussion um den Beschluss der Bundesregierung einer sukzessiven Anhebung des Rentenalters von derzeit 65 auf 67 Jahre ab dem Jahr 2012 bis zum Jahr 2030[83], ist die Frage, wie sich das Erwerbspersonenpotenzial (EWP) entwickeln wird. Dass sich die allgemeine demographische Entwicklung auch auf die Zahl der Bevölkerung im Erwerbsalter[84] niederschlagen wird, steht außer Frage. Das statistische Bundesamt geht, wenn man wieder die mittlere Prognosevariante zu Rate zieht, davon aus, dass sich das Erwerbspersonenpotenzial[85] noch bis 2012 leicht auf ca. 50 Millionen erhöhen wird. Ab diesem Jahr wird sich die Zahl der Menschen im erwerbsfähigen Alter bis 2050 auf rund 39 Millionen verkleinern, wenn man noch von dem aktuellen Rentenalter von 65 Jahren ausgeht. Die Zahl der Älteren wird ebenfalls noch ansteigen und im Jahr 2020 einen Höhepunkt von rund 19,5 Millionen erreichen. Da dann die geburtenstarken Jahrgänge der 1950er und 1960er in die Rente gehen werden, senkt sich die Zahl bis zum Ende des Berechnungszeitraumes im Jahr 2050 auf ca. 15 Millionen. Das bedeutet, dass zu diesem Zeitpunkt 38 Prozent aller erwerbsfähigen Personen in Deutschland über 50 Jahre alt sein werden.[86]

---

[82] Die letzte Volkszählung fand in der damaligen BRD 1987 und in der DDR 1981 statt. Seitdem werden die Daten nur aufgrund von Melderegistern fortgeschrieben. Vgl. BUNDESMINISTERIUM DES INNERN (2006), veröffentlicht im Internet (5.1.2007).

[83] Ab 2012 wird das Renteneintrittsalter pro Jahr um einen Monat erhöht, ab 2024 um zwei Monate pro Jahr. 2030 ist damit der Renteneintritt mit 67 Jahren erreicht.

[84] In diesem Abschnitt wird von einem Erwerbsalter von 20 bis unter 65 bzw. unter 67 Jahre ausgegangen, da dieses in Deutschland realistischer als die viel benutzte Definition der International Labour Organization (ILO) „15 bis unter 75 Jahre“ ist. Vgl. STATISTISCHES BUNDESAMT (2005), veröffentlicht im Internet (17.2.2007).

[85] Hier sind alle Personen im erwerbsfähigen Alter gemeint (vgl. Fußnote 84), die das Potenzial zum Arbeiten haben, also „The active population“ wie sie von der ILO als Definition gebraucht wird, welche auch vom Statistischen Bundesamt benutzt wird. Vgl. INTERNATIONAL LABOUR ORGANIZATION (2007), veröffentlicht im Internet (5.1.2007).

[86] Vgl. STATISTISCHES BUNDESAMT (2006a), veröffentlicht im Internet (4.1.2007).

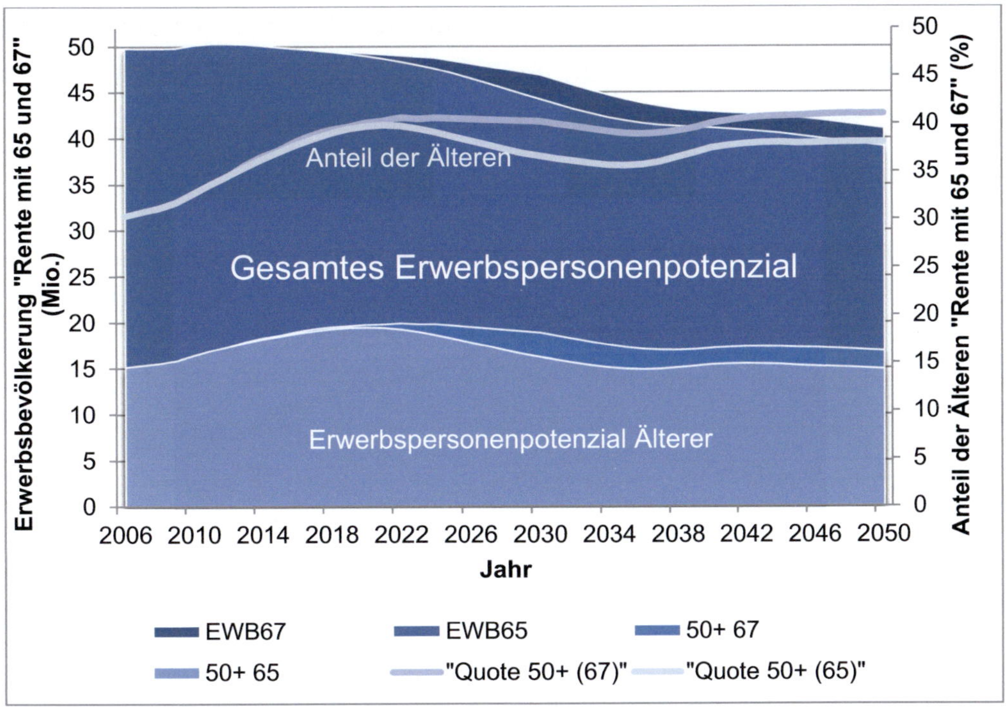

Abbildung 12: Entwicklung des Erwerbspersonenpotenzials (gesamt und Ältere) mit besonderer Berücksichtigung der "Rente mit 67"[87]

Abbildung 12 zeigt diese Entwicklung. „EWP" meint das gesamte Erwerbspersonenpotenzial, und „50+" bildet den Anteil der Älteren ab. Die Flächen bilden die nominalen Werte inklusive des Vergleichs von jetzigem gesetzlichen (Index 65) und zukünftigen erhöhtem Rentenalter (Index 67) ab. Berechnet man zusätzlich das Potenzial des zukünftigen Renteneintritts von 67 Jahren, so kann man eine Erhöhung des EWP, und logischerweise auch bei den Älteren, um 2 Millionen feststellen. Demzufolge erhöht sich aber auch der Altersquotient, und so werden im Jahr 2050 über 41 Prozent der potenziell Erwerbsfähigen über 50 Jahre alt sein. Den unterschiedlichen Verlauf dieser Quote bilden die zwei Graphen (Quote 50+) ab.

4.2.3 Der Arbeitsmarkt für ältere Arbeitnehmer

Betrachtet man die Entwicklung der Älteren auf dem deutschen Arbeitsmarkt, so stellt man fest, dass die Älteren oftmals eher im Nachteil sind. Vergleicht

---

[87] Eigene Berechnungen und Darstellung aus Daten von STATISTISCHES BUNDESAMT (2006a), veröffentlicht im Internet (4.1.2007).

man die allgemeine Arbeitslosenquote mit der der Älteren, kann man in Abbildung 13 gut erkennen, dass Ältere in den letzten Jahren grundsätzlich stärker von Arbeitslosigkeit betroffen waren als alle Erwerbspersonen.

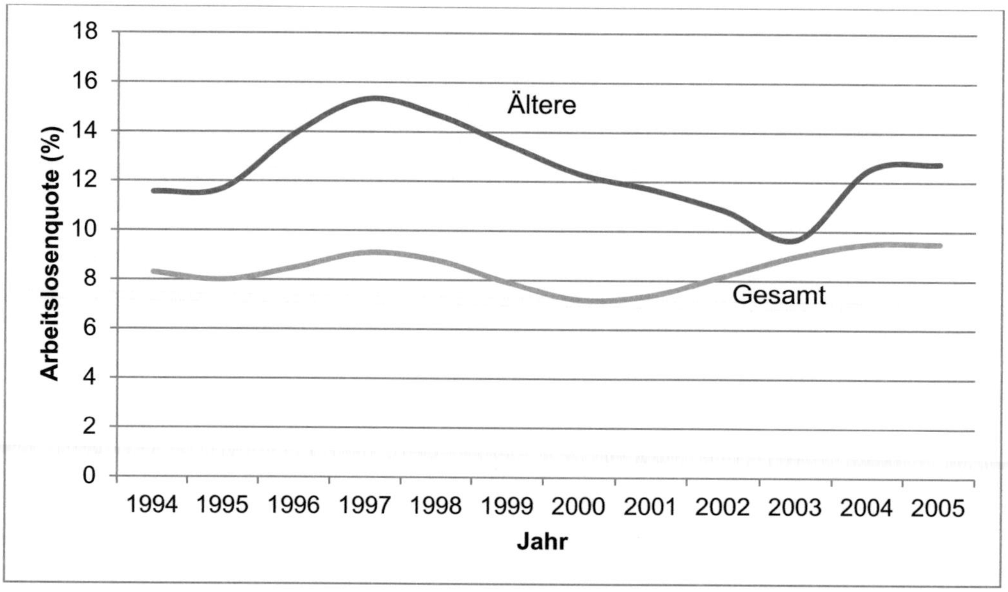

Abbildung 13: Entwicklung der gesamten Arbeitslosenquote und der Arbeitslosenquote Älterer in Deutschland[88]

Die Arbeitslosenzahl der Älteren stieg in den 1990er Jahren an und markiert mit 1997 den Höhepunkt. In diesem Jahr waren laut Bundesanstalt für Arbeit im September über 930.000 ältere Menschen arbeitslos gemeldet. Der Anstieg ab 1994 kann mit dem Auslaufen der „Altersübergangsregelung" in den neuen Bundesländern im Jahr 1993 erklärt werden, welche ermöglichte, ab 55 Jahre in eine Art Vorruhestand zu gehen, was zur Folge hatte, dass diese bis zum Jahr 1993 aus der Statistik fielen.[89] Der fallende Verlauf der Kurve ab dem Jahr 1997 ist mit einer verstärkten Nutzung von Frühverrentungs- und Altersteilzeitmodellen zu erklären. Vor allem aber hatte die Einführung der sogenannten „58er-Regel" darauf den bedeutendsten Einfluss. Mit dieser Regelung konnten Arbeitslose ab 58 Jahren in eine Art Quasi-Ruhestand gehen. Sie wurden dann nicht mehr bei der Arbeitsvermittlung berücksichtigt und fielen aus der Statistik. (Vgl. dazu Unterabschnitt 4.2.5.2). In Abbildung 14 erkennt man vor allem den

---

[88] Eigene Darstellung aus Daten von EUROSTAT (2005b), veröffentlicht im Internet (5.1.2007).
[89] Vgl. KOLLER / BACH / BRIXY (2003), S. 14 f.

deutlichen Anstieg der betrieblichen sowie der durch die Bundesanstalt für Arbeit geförderten Altersteilzeit.[90]

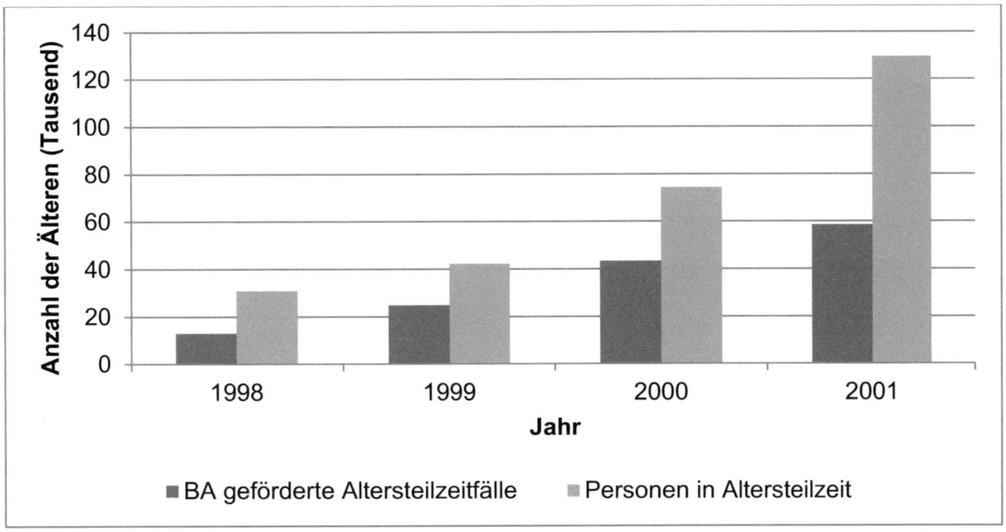

Abbildung 14: Frühverrentungs- und Altersteilzeitfälle von 1998 bis 2001[91]

Schaut man sich zusätzlich Daten des vom Deutschen Zentrum für Altersfragen (DZA) durchgeführten letzten Alterssurveys an, zeigen die Zahlen schon weit vor dem Jahr 1998, dass immer mehr Ältere nicht mehr aus einer vollen Erwerbstätigkeit in die Altersrente gehen.[92] Abbildung 15 zeigt die letzten Tätigkeiten verschiedener Jahrgänge vor dem Renteneintritt. Man erkennt deutlich den Anstieg des Anteil der Personen die aus Arbeitslosigkeit und Vorruhestand in eine Altersrente gehen (roter Balkenabschnitt).

Betrachtet man die in Abbildung 15 gezeigten Jahrgänge mit einem aktuellen gesetzlichen Rentenalter von 65 bzw. mit einem durchschnittlichen tatsächlichen Renteneintrittsalter von rund 61 Jahren[93], und berücksichtigt man den Trend der letzten Jahre, so sieht man, dass aktuell fast ein Viertel aller Arbeitnehmer aus der Altersteilzeit oder aus der Arbeitslosigkeit in eine Altersrente übergeht.

[90] Vgl. EBENDA, S. 16.
[91] Eigne Darstellung in Anlehnung an KOLLER / BACH / BRIXY (2003), S. 16.
[92] Vgl. DEUTSCHES ZENTRUM FÜR ALTERSFRAGEN (2005), S. 3, veröffentlicht im Internet (5.1.2007).
[93] Vgl. EUROSTAT (2005d), veröffentlicht im Internet (5.1.2007).

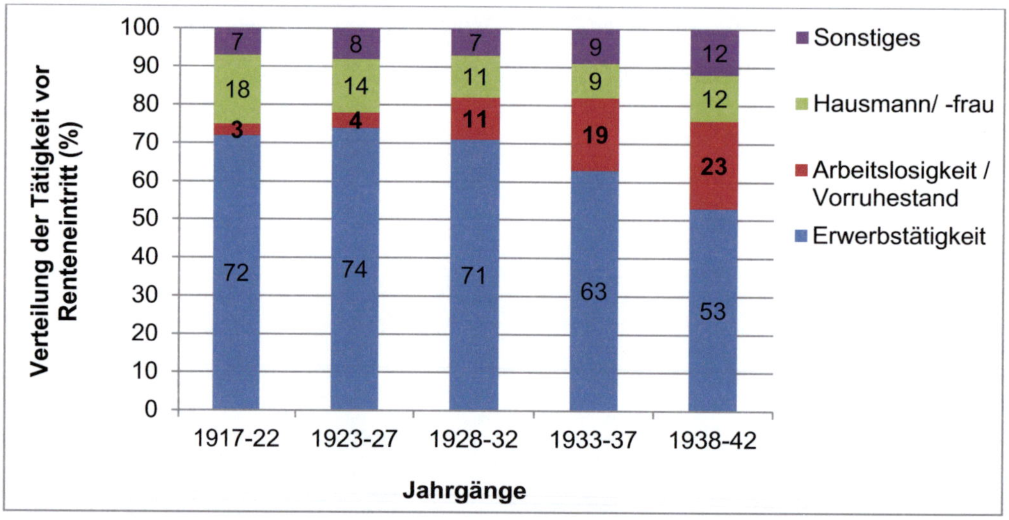

Abbildung 15: Verteilung der Tätigkeiten vor Renteneintritt in Deutschland[94]

Ebenfalls kann man ableiten, dass schon seit den 1980er Jahren der vorzeitige Renteneintritt für Arbeitnehmer an Bedeutung gewonnen hat (Rückgang des Renteneintritts aus der Erwerbstätigkeit und starker Anstieg des Eintritts aus Arbeitslosigkeit und Vorruhestand ab den Jahrgängen 1928-32). Aktuell konnte man dies auch zum Jahreswechsel 2006/07 sehen. So las man im Rahmen der Berichterstattung zur Rentenreform („Rente mit 67") in der Presse Schlagzeilen wie „Zehntausende flüchten in die Altersteilzeit"[95], da am 31. Dezember 2006 die Frist endete, innerhalb dieser die Jahrgänge bis 1954 laut einer Vertrauensschutzregelung noch Altersteilzeit mit den ursprünglichen Altersgrenzen beantragen konnten.
Ob man im Alter noch einer Beschäftigung nachgehen will oder kann, hängt nicht zuletzt von der Bildung ab. Die immer stärkere Orientierung hin zur Dienstleistungsgesellschaft, in der Wissen und Information die wichtigsten Determinanten werden, schlägt sich auch auf den Arbeitsmarkt nieder. Die Halbwertszeit des Wissens nimmt ab, so dass „lebenslanges Lernen" immer mehr an Bedeutung gewinnt. Dieser Trend gilt auch für die Stellen älterer Arbeitnehmer. Je geringer die Qualifikation ist, desto wahrscheinlicher ist eine Arbeitslosigkeit Älterer. Das bedeutet im Umkehrschluss, dass Ältere mit höherem Qualifikationsniveau stärker auf dem Arbeitsmarkt nachgefragt

---

[94] Eigene Darstellungen aus Daten von DEUTSCHES ZENTRUM FÜR ALTERSFRAGEN (2005), S. 16, veröffentlicht im Internet (5.1.2007).
[95] Vgl. HANDELSBLATT (2007), S. 1.

werden. Interessanterweise steht das im Widerspruch zum Weiterbildungsniveau dieser Altersgruppe in Unternehmen (vgl. Abschnitt 4.2.6). Wie Abbildung 16 zeigt, korreliert auch das Beschäftigungsniveau Älterer mit dem Bildungsniveau. Je größer dies ist, desto höher ist die Beschäftigung.[96]

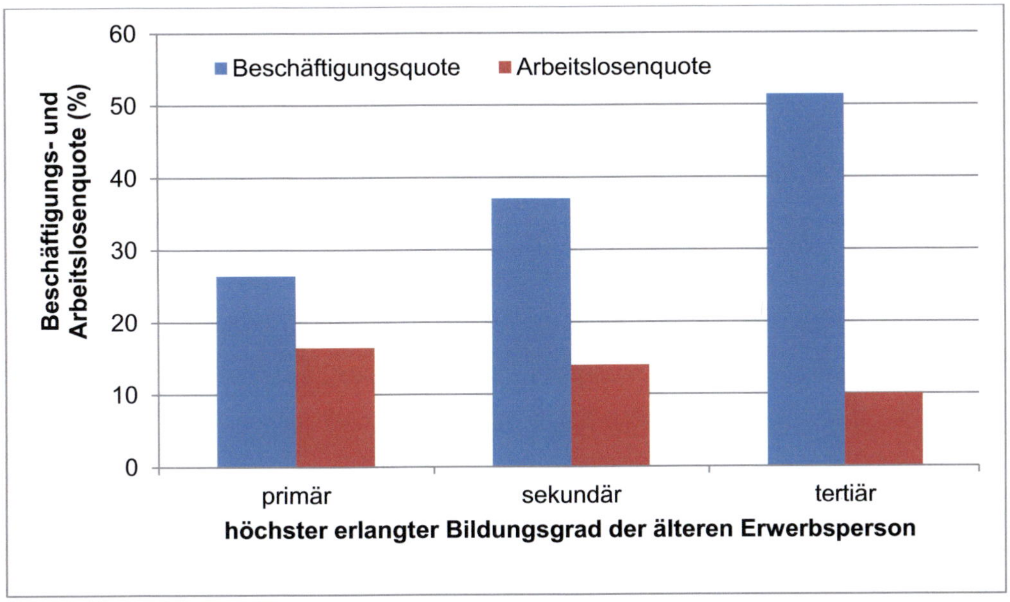

Abbildung 16: Arbeitslosenquote und Beschäftigungsniveau Älterer nach Bildungsstufe[97] (Durchschnittswerte von 1999-2003)[98]

Das kann man ebenfalls mit dem Stellenprofil in Abhängigkeit vom Qualifikationsprofil erklären. Geht man davon aus, dass ein höherer Bildungsabschluss mit einer komplexeren Arbeit einhergeht, weg von der verrichtenden Arbeit, z.B. in Fabriken oder im Handwerk, hin zu Stellen, die mehr eine geistige Arbeit bedeuten, also sogenannte „Schreibtischjobs", dann ist klar, dass erstgenannte Arbeiter durch die größere körperliche Belastung eher aus gesundheitlichen Gründen ausscheiden. Gesundheitliche Einschränkungen werden im Alterssurvey des DZA aus dem Jahr 2002 von Männern als häufigster und von Frauen nach „familiären Gründen" als zweithäufigster Grund für die Beendigung einer Erwerbstätigkeit genannt.[99]

---

[96] Vgl. OECD STATISTICS (2007), veröffentlicht im Internet (8.1.2007).
[97] Der primäre Bildungsabschluss (BA) lässt sich mit einem Hauptschulabschluss vergleichen, der sekundäre BA mit dem Abitur und der tertiäre BA mit einer Ausbildung an einer Hochschule. (Organisation for Economic Co-operation and Development, 2004, S. 90 ff.)
[98] Eigene Darstellung aus Daten von OECD STATISTICS (2007), veröffentlicht im Internet (8.1.2007).
[99] Vgl. WURM (2004), S. 47.

Unethisches Verhalten der Unternehmen ist ein weiterer Grund für eine niedrige Beschäftigungsquote Älterer. Zum einen spielt der Mythos, dass Ältere nicht mehr leistungsfähig, noch dazu teuer und lernunwillig sind, eine Rolle, zum anderen verhalten sich Unternehmen oft „rational", indem sie versuchen, Ältere nur unter bestimmten, für sie günstigeren Bedingungen einzustellen. Sicher geht eine Förderung Älterer durch den Staat, z. B. durch Entgeltzuschüsse oder Beitragsbefreiungen, prinzipiell in die richtige Richtung, doch diese Option wird laut IAB Betriebspanel 2002[100] auch von den Unternehmen ausgenutzt. So wollten in diesem Jahr nur 54 Prozent der befragten Unternehmen ältere Arbeitnehmer „anstandslos" einstellen, 31 Prozent nur „unter bestimmten Bedingungen", und 15 Prozent zeigten überhaupt keine Bereitschaft, Ältere einzustellen. Abbildung 17 zeigt die Verteilung dieser Bereitschaft unter den „Bedingungen", die von den Betrieben (Mehrfachnennungen waren möglich) genannt wurden.[101]

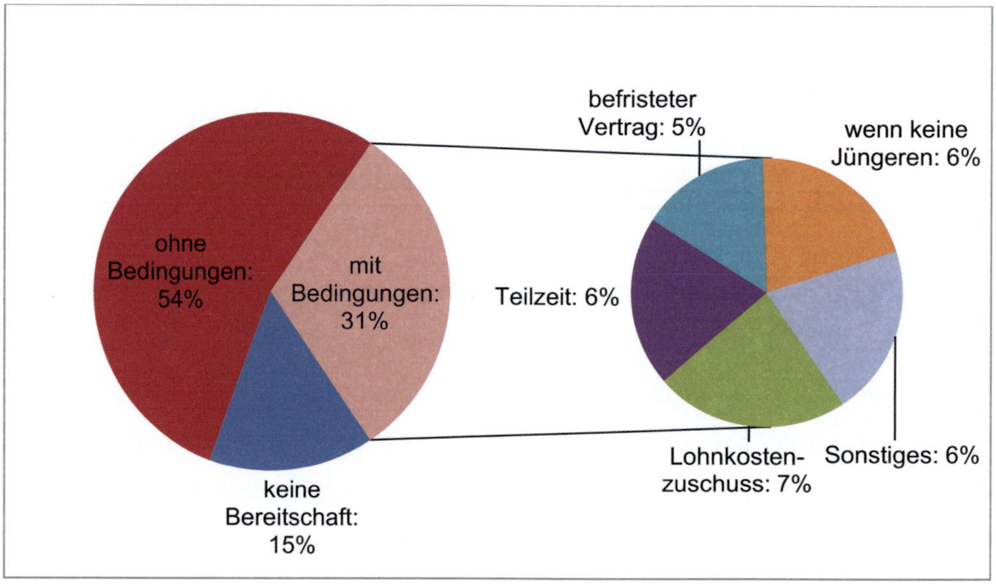

Abbildung 17: Einstellungsbereitschaft und -bedingungen Älterer in deutschen Unternehmen 2002[102]

---

[100] Das Institut für Arbeitsmarkt- und Berufsforschung (IAB) befragt zusammen mit Infratest Sozialforschung jährlich die „Beschäftigungstrends" im Auftrag der Bundesagentur für Arbeit. Im Jahr 2002 wurden repräsentativ 16.000 Betriebe befragt. Vgl. KLEINHENZ (2002), S. 13.

[101] Vgl. INSTITUT FÜR ARBEITSMARKT- UND BERUFSFORSCHUNG (2002), zitiert nach ALLMENDINGER, J. / EBNER, C. (2006).

[102] Eigene Darstellung in Anlehnung an INSTITUT FÜR ARBEITSMARKT- UND BERUFSFORSCHUNG (2002), zitiert nach ALLMENDINGER, J. / EBNER, C. (2006).

4.2.4 Die Entwicklung der deutschen Wirtschaftspolitik im Kontext Älterer

Das Wirtschaftssystem in Deutschland ist die Soziale Marktwirtschaft. Geprägt vom Grundmodell des Ordoliberalismus von Walter Eucken[103] wurde das System der Sozialen Marktwirtschaft vor allem durch Alfred Müller-Armack entwickelt, der auch ihr Namensgeber war. Ziel der Verbindung von „sozial" und „Marktwirtschaft" ist ein Wirtschaftssystem, das die Grundwerte des freien Marktes, wie Privateigentum mit Gewinnmaximierung des Unternehmers, beinhaltet, damit aber auch den sozialen Fortschritt und den gemeinschaftlichen Wohlstand unterstützt.[104] Eine besondere Berücksichtigung oder Bevorzugung einzelner Bevölkerungsschichten ist nicht vorgesehen. Unbestritten ist jedoch, dass das Solidarprinzip gilt: Der wirtschaftlich Stärkere hilft dem Schwächeren. Der Erfolg dieses Systems und die positive wirtschaftlichen Entwicklung in der zweiten Hälfte des 20. Jahrhunderts ließ es zu, breite Bevölkerungsschichten am Wohlstand zu beteiligen. Für Arbeitnehmer stiegen die Löhne, Arbeitslose erhielten eine in Dauer und Qualität steigende Sicherung, und aufgrund der steigenden Produktivität verkürzte sich die Arbeitszeit. Mit einer sich verschlechternden Wirtschaft und den ersten sichtbaren Anzeichen des Strukturwandels in Deutschland erhöhte sich auch die Arbeitslosigkeit. Ein Instrument, diesem neuen und sich immer mehr verstärkenden Phänomen entgegenzutreten, war, Ältere anzureizen, eher aus dem Arbeitsmarkt auszutreten, um Jüngeren Platz zu machen. Dazu wurden verschiedene Gesetze verabschiedet. Arbeitnehmer und auch Unternehmen, die sich so der „teuer und wenig leistungsfähig geltenden Älteren" entledigten, nutzten dieses Instrument. Aber auch älteren Arbeitslosen wurden Wege eingeräumt, eher in den Ruhestand einzutreten. So tauchten diese Gruppen nicht mehr in Arbeitsmarktstatistiken auf.

Seit dem Jahr 1987 findet aufgrund des Beginns der Thematisierung des demographischen Wandels und dessen Konsequenzen für den Arbeitsmarkt eine Berücksichtigung der Politik statt. In jenem Jahr erschien das Prognos-

---

[103] Der Ordoliberalismus sieht in einer funktionierenden Gesetzgebung die Voraussetzung für eine funktionierende Wirtschaftsordnung, aus der sich der Staat aber dann weitestgehend heraushalten und nur dem System dienliche außerökonomische Kriterien regulieren sollte. Vgl. STREIT (2006), S. 9 ff.

[104] Vgl. MÜLLER-ARMACK (1976), S. 245 ff.

Gutachten „Zur gesamtwirtschaftlichen Entwicklung vor dem Hintergrund einer schrumpfenden Bevölkerung“.[105] Dieser Report stellte die demographische Entwicklung vor allem in Bezug auf die Kosten für die Alterssicherung erstmals detailliert vor und wurde stark in der Öffentlichkeit und Politik diskutiert.[106] Die darauf folgenden Reformen konnten allerdings für Ältere und Unternehmen keinen konsistenten Anreiz setzen, von der Frühverrentungspolitik wieder Abstand zu nehmen. Im Folgenden wird diese Entwicklung nun näher anhand der historischen und aktuellen Gesetzgebung in Bezug auf Ältere in Deutschland beleuchtet.

4.2.5 Die Gesetzgebung im Kontext Älterer

Beobachtet man die periodische Entwicklung der Gesetze und Reformen, so erkennt man eine zunehmende Reformaktivität seit dem Prognos-Gutachten 1987 (vgl. Abschnitt 4.2.4). Reaktionen folgten schon zwei Jahre später, als 1989 das Gesetz zur Rentenreform für das Jahr 1992 verabschiedet wurde. Im Folgenden wird die Alterssicherungspolitik in Deutschland mit besonderen Konsequenzen für Ältere ab diesem Zeitpunkt in chronologischer Reihenfolge dargestellt. Tabelle 1 zeigt eine Übersicht der relevanten Gesetzgebung mit einer subjektiven Bewertung des Autors dieser Arbeit, ob die Regelungen eine längere Erwerbstätigkeit fördern.

Jahr	Maßnahme	Anreiz[107]
1889	Einführung einer Altersrente ab dem 70. Lebensjahr	Nein
1916	Absenkung des Rentenalters auf 65 Jahre	Nein
1929	Einführung der Rente an Arbeitslose	Nein
1972	Einführung der Altersrente für langjährig Versicherte ab dem 63. Lebensjahr	Nein
1973	Beschränkung des Hinzuverdienstes bei Bezug von flexiblem Altersruhegeld	Ja
1984	Herabsetzung der Wartezeit für Altersruhegeld von 15 auf 5 Jahre	Nein
1992	Stufenweise Anhebung der Altersgrenze ab 2001, Einführung versicherungsmathematischer Abschläge	Ja

[105] Vgl. Reineke (1987), S. 19 ff.
[106] Vgl. Prognos AG (1986).
[107] Anreiz, länger im Erwerbsleben zu verweilen.

1996	Gesetz zur Förderung eines gleitenden Übergangs in den Ruhestand, Altersteilzeitgesetz	Ja
1998	Möglichkeiten der Anrechnung von Abfindungen und Erstattung des Arbeitslosengeldes, Rentenreformgesetz: Ergänzung der Rentenformel um einen demographischen Faktor	Ja
1998	Rücknahme des demographischen Faktors	Nein
2000	Regelungen zur Altersteilzeit (Teilzeitbeschäftigte)	Nein
2001	Altersvermögensergänzungsgesetz: Absenkung des Rentenniveaus, Einführung des Hartz Konzeptes	Ja
2003	Hartz I und II treten in Kraft (Entgeltsicherung des Arbeitnehmers / Erstattungspflicht des Arbeitgebers, Befristungsregelungen)	Ja
2004	Hartz III (Eingliederungszuschuss für über 50-jährige)	Ja
2005	Hartz IV sowie Entgeltsicherung und Erstattungsplicht verlängert / Verlängerung der Möglichkeit zur Altersteilzeit	Ja / Nein
2006	„Rente mit 67"	Ja

Tabelle 1: Ausgewählte Maßnahmen der Arbeitsmarktpolitik im Kontext Älterer[108]

4.2.5.1 Regelungen für den Übergang in den Ruhestand

In der deutschen Gesetzgebung ist der Übergang in den Ruhestand im Sechsten Buch des Sozialgesetzbuchs geregelt. Es unterscheidet zwischen Rente wegen Alters, Rente wegen verminderter Erwerbsfähigkeit und Rente wegen Todes, der sogenannten Witwen- oder Waisenrente.[109] Da die Fälle „Tod" und „Erwerbsunfähigkeit" und deren Eintreten sozusagen in den Händen „höherer Gewalt" liegen und nicht durch eine Gesetzesänderung beeinfluss werden, wird auf Berücksichtigung dieser zwei Fälle verzichtet.[110]

Ein erster Anreiz, wieder länger im Erwerbsleben zu bleiben, wurde 1992 im **Rentenreformgesetz** gesetzt. Die Altersrente für langjährig Versicherte wurde ab dem Jahr 2001 stufenweise von 60 auf 63 Jahre angehoben. Das gleiche galt für Schwerbehinderte.[111] Des Weiteren wurden versicherungsmathematische Zu- und Abschläge eingeführt.[112]

---

[108] Eigene Zusammenstellung aus Daten von DEUTSCHE RENTENVERSICHERUNG (2006), veröffentlicht im Internet (8.1.2007).
[109] Vgl. SGB VI § 33 Abs. 2-4.
[110] Ausnahmeregelungen, die es in großer Anzahl gibt, werden nicht kommentiert. Diese können im Allgemeinen nachgelesen werden, indem man die §§ vor und nach der angegebenen Quelle näher beleuchtet.
[111] Vgl. SGB VI §§ 36 und 37.
[112] Vgl. SGB VI §§ 70 ff.

Ein Schritt in die andere Richtung war das **Gesetz zur Förderung eines gleitenden Übergangs in den Ruhestand** (RuStFöG) aus dem Jahr 1996. Mit diesem Gesetz wurde das **Altersteilzeitgesetz** (AltTZG) geändert, das den Austausch älterer gegen jüngere Arbeitnehmer begünstigt hatte. So bekommt der Arbeitgeber die Zusatzkosten für eine Aufstockung des Nettogehalts auf 80 Prozent bezuschusst, wenn der Arbeitnehmer seine Arbeitszeit bis zur Rente halbiert bzw. das sogenannte Blockmodell[113] wählt. Dies war und ist ab 55 Jahren möglich. Die Rentenversicherungsbeiträge des Arbeitnehmers werden ebenfalls als Differenzbetrag auf 90 Prozent von der Bundesagentur für Arbeit (BA) zugezahlt. Bedingung für die Förderung ist die Besetzung der frei werdenden Stelle mit einen Arbeitslosen oder einen Auszubildenden. Das Gesetz war ursprünglich bis 2001 befristet.[114] In seiner aktuellen Fassung besteht diese Möglichkeit für alle, die bis zum 31. Dezember 2009 im Alter von mindestens 55 Jahren in Altersteilzeit gehen.[115] Dieses Gesetz wurde und wird sehr stark von den älteren Arbeitnehmern und Unternehmen genutzt, um das Arbeitsverhältnis vor dem gesetzlichen Rentenalter zu beenden. Altersteilzeit war und ist demzufolge alles andere als ein Anreiz zu einem verlängerten Verbleib im Erwerbsleben.

Im **Gesetz zur Reform der Arbeitsförderung** 1997 wurde versucht, einer freiwilligen Arbeitslosigkeit entgegenzuwirken. Ältere Arbeitnehmer sowie Unternehmen sollten dabei durch monetäre Anreize von einer taktischen Kündigung abgehalten werden. Arbeitnehmern konnte eine eventuelle Abfindung mit dem Arbeitslosengeld verrechnet werden[116], Unternehmen dagegen wurden zu einer Erstattung des Arbeitslosengeldes verpflichtet, wenn sie einen Arbeitnehmer nicht fristkonform entlassen, der älter als 57 Jahr alt war.[117] Da arbeitsrechtlich bei Älteren, unter der Annahme, dass sie auch lange Zeit im Betrieb tätig waren, nur längere Kündigungsfristen in Frage kamen[118], sollten mit beiden Regelungen informelle Absprachen wie „Abfindung gegen Verzicht auf Kündigungsfrist" unterbunden werden. Weiterhin sollte ein demographischer

---

[113] Im Blockmodell reduziert der Arbeitnehmer nicht seine wöchentliche Arbeitszeit, sondern arbeitet voll weiter (also in einem Block) und wird in der zweiten Hälfte vollständig vom Unternehmen freigestellt.
[114] Vgl. AltTZG §§ 2-4.
[115] Vgl. AltTZG §1 Abs. 2.
[116] Vgl. SGB III § 143a.
[117] Vgl. SGB III 147a Abs. 1 (1998).
[118] Vgl. BGB § 622 Abs. 2.

Faktor eingeführt werden, der langfristig eine Absenkung des Rentenniveaus von 70 auf 64 Prozent bis zum Jahr 2030 zur Folge hätte. Dieses Vorhaben wurde im **Rentenkorrekturgesetz** von 1999 von der rot-grünen Regierung wieder rückgängig gemacht.[119]

Die Regelungen im **Gesetz zur Fortentwicklung der Altersteilzeit** (1999) und im **Zweiten Gesetz zur Fortentwicklung der Altersteilzeit** (2000) waren ebenfalls nicht im Sinne einer verstärkten Erwerbsbeteiligung Älterer angelegt. Es wurden im Gesetz von 1999 nun auch Teilzeitbeschäftigte berücksichtigt[120], und die „Blockregelung" (vgl. Fußnote 113) wurde vereinfacht[121]. Im zweiten Gesetz wurden im Jahr 2000 hauptsächlich verschiedene Maßnahmen, die mit dem alten Gesetz auslaufen sollten, verlängert. So wurde die Grenze eines Altersteilzeitbeginns von ursprünglich 2001 auf 2009 verlängert.[122] Ebenfalls wurde die Möglichkeit des Bezugs von Arbeitslosengeld nach SGB III § 428 verlängert, welche aufgrund ihrer großen Bedeutung als Anreizinstrument im nächsten Abschnitt (4.2.5.2) genauer erläutert wird.

Ein weiterer Schritt in der Gesetzgebung waren im Jahr 2001 das **Altersvermögensgesetz** (AVmG) und das **Altersvermögensergänzungsgesetz** (AVmEG). Von großer Bedeutung für Ältere war der Beschluss der Absenkung des Rentenniveaus ab 1. Juli 2001[123], was einen wesentlichen Anreiz darstellt, nicht früher als von Gesetzgeber vorgesehen in den Ruhestand zu gehen. Außerdem wurde eine Renteninformationspflicht eingeführt, was bedeutet, dass Arbeitnehmer ihre voraussichtliche Rente mitgeteilt bekommen.[124] Damit sollen Arbeitnehmer frühzeitig für die Themen Rentenvorsorge und Renteneintrittszeitpunkt sensibilisiert werden.

[119] Vgl. LEISERING (1999), S. 3, veröffentlicht im Internet (8.1.2007); DEUTSCHE RENTENVERSICHERUNG (2006), veröffentlicht im Internet (8.1.2007).
[120] Vgl. AltTZG §2 Abs. 1.
[121] Vgl. AltTZG §2 Abs. 2 Satz 3.
[122] Vgl. AltTZG § 1.
[123] Vgl. AVmEG Punkte 18 und 66 ff. bzgl. Änderungen im SGB VI.
[124] Vgl. DEUTSCHE RENTENVERSICHERUNG (2006), S. 10, veröffentlicht im Internet (8.1.2007).

4.2.5.2 Die „58er Regel" nach SGB III § 428

Ein nicht unwesentlicher Grund für einen verminderten Anreiz der Erwerbstätigkeit im Alter für Arbeitslose ist die Regelung nach § 428 im Dritten Sozialgesetzbuch. Sie beschränkt nicht nur den Anreiz einer erneuten Erwerbsaufnahme, sondern sie fördert vielmehr ein vollständiges Ausscheiden aus dem Erwerbsleben. Der Paragraph sollte ursprünglich nur bis 2001 gültig sein. Ziel war es, ältere Arbeitslose ab 58 Jahren endgültig in den Ruhestand zu schicken und sie damit nicht mehr in der Arbeitslosenstatistik erfassen zu müssen. Es werden damit vor allem Arbeitslose angesprochen, die „...nicht arbeitsbereit sind und nicht alle Möglichkeiten nutzen und nutzen wollen, um ihre Beschäftigungslosigkeit zu beenden."[125] Diese Variante wird vom Gesetzgeber ausdrücklich präferiert, denn weiter heißt es in Absatz 2: „Die Agentur für Arbeit soll den Arbeitslosen, der nach Unterrichtung über die Regelung des Satzes 2 drei Monate Arbeitslosengeld nach Absatz 1 bezogen hat und in absehbarer Zeit die Voraussetzungen für den Anspruch auf Altersrente voraussichtlich erfüllt, auffordern, innerhalb eines Monats Altersrente zu beantragen [...]. Stellt der Arbeitslose den Antrag nicht, ruht der Anspruch auf Arbeitslosengeld vom Tage nach Ablauf der Frist an bis zu dem Tage, an dem der Arbeitslose Altersrente beantragt."[126] Ein weiterer Anhaltspunkt für die These, dass die Ruhestandsförderung gegenüber der Beschäftigung Älterer vorgezogen wurde, ist, dass diese Norm bisher zweimal mit Änderungsgesetzen verlängert wurde. Aktuell ist diese Norm bis Ende 2007 gültig. Dass diese auch immer mehr genutzt wurde, verdeutlicht Abbildung 18.

---

[125] SGB III § 428 Abs. 1 Satz 1.
[126] SGB III § 428 Abs. 2 Satz 1.

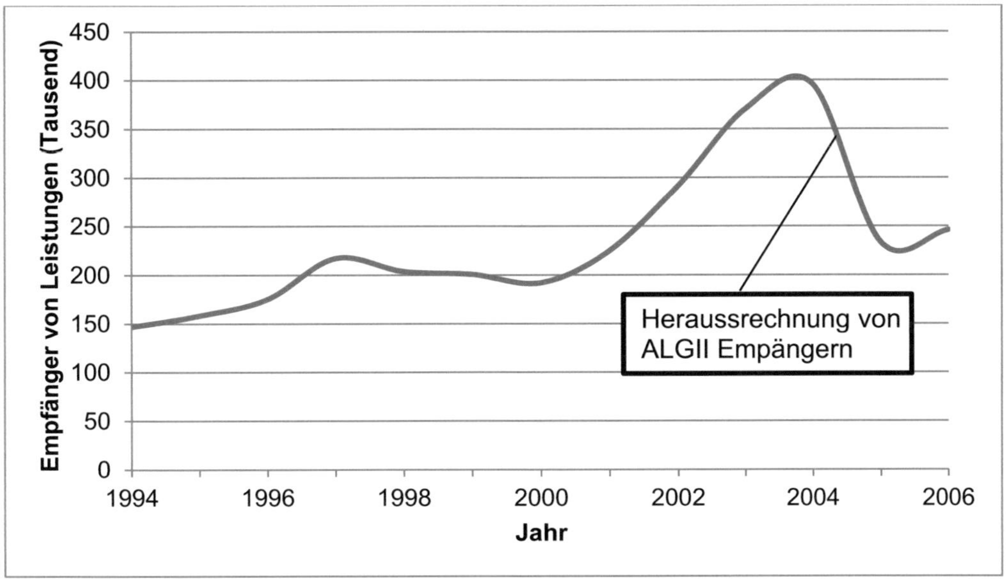

Abbildung 18: Entwicklung der Leistungsempfänger nach SGB III § 428[127]

Eine stetig steigende Anzahl von Leistungsempfängern ist spätestens ab dem Jahr 2000 zu erkennen. Der „Knick" im Jahr 2005 ist mit der Herausrechnung der Empfänger von Arbeitslosengeld II (ALG II) aufgrund der Konsolidierung der Leistungsempfänger im Zuge der Regelungen von des **Vierten Gesetzes für moderne Leistungen am Arbeitsmarkt** (vgl. nächster Abschnitt) zu erklären.[128] Danach ist ein weiterer Anstieg zu verzeichnen.[129]

4.2.5.3 Verstärkte Anreize

Die größten Anreize zur Beschäftigung Älterer und allgemein vor allem Arbeitsloser setzten die vier **Gesetze für moderne Dienstleistungen am Arbeitsmarkt**, bekannt unter den Synonymen „Hartz-Gesetze" bzw. „Hartz I bis IV"[130]. **Hartz I**, das zum 1. Januar 2003 in Kraft trat, brachte hauptsächlich folgende Neuerungen: Neue Formen der Arbeit (Zeitarbeit) wurden eingeführt und die Arbeitsvermittlung (Personal-Service-Agenturen) erleichtert, berufliche Weiterbildung wurde gefördert, und die Arbeitsagentur bezuschusste Unterhaltsleis-

[127] Eigene Darstellung aus Daten von BUNDESAGENTUR FÜR ARBEIT (verschiedene Jahrgänge), veröffentlicht im Internet (10.1.2007).
[128] Vgl. BUNDESAGENTUR FÜR ARBEIT (2006b), veröffentlicht im Internet (10.1.2007).
[129] Vgl. BUNDESAGENTUR FÜR ARBEIT (2007), veröffentlicht im Internet (10.1.2007).
[130] Benannt nach Peter Hartz, dem ehemaligen Personalvorstand der Volkswagen AG, der die Kommission „Moderne Dienstleitungen am Arbeitsmarkt" leitete.

tungen. In der Öffentlichkeit am umfassendsten diskutiert wurden die Kürzung der Arbeitslosenhilfe und eine stärkere Berücksichtigung des Einkommens des Partners. Diese zwei zuletzt genannten Punkte werden seitdem mit den Hartz-Gesetzen in der Öffentlichkeit am meisten assoziiert. Für ältere Arbeitslose waren Änderungen im Dritten Sozialgesetzbuch von wesentlicher Bedeutung. Den über 50-Jährigen wurde ein Anspruch auf Entgeltsicherung eingeräumt. Wenn sie eine Beschäftigung annahmen, die niedriger bezahlt war als ein pauschalisierter Betrag, der zur Berechnung des Arbeitslosentgeltes herangezogen wurde, dann bezuschusste die Arbeitsagentur 50 Prozent der Differenz aus dem Entgelt und dem Pauschalbetrag.[131] Arbeitgeber wurden ebenfalls angereizt, indem sie vom Arbeitgeberanteil zur Arbeitslosenversicherung befreit wurden, wenn sie einen über 55-Jährigen einstellten.[132] Die Begriffe „Entgeltsicherung" und „Kombilohn" werden in der Öffentlichkeit mit beiden Maßnahmen assoziiert. Weiterhin wurde die Altersgrenze für den Abschluss befristeter Verträge von 58 auf 52 Jahre gesenkt.[133] Diese beiden Privilegien liefen allerdings zum 31. Dezember 2006 wieder aus.

Hartz II, das gleichzeitig mit Hartz I in Kraft trat, beinhaltet keine expliziten Regelungen für Ältere. Im Wesentlichen wurden die Minijobs und Ich-AGs definiert und geregelt sowie die Errichtung von Job-Centern beschlossen.[134]

Ein Jahr später, am 1. Januar 2004, wurden die Regelungen von **Hartz III** als Gesetz verabschiedet. Ein weiterer Anreiz für Arbeitgeber wurde gesetzt. Sie können nun einen Eingliederungszuschuss über maximal 36 Monate beantragen, wenn sie Ältere einstellen.[135] Dieses Privileg galt bis dahin nur für die Einstellung von „Arbeitnehmern mit Vermittlungshemmmissen"[136]. Zu diesen wurden jetzt über 50-Jährige dazugezählt.[137]

---

[131] Vgl. Erstes Gesetz für moderne Dienstleistungen am Arbeitsmarkt, Artikel 1, Punkt 43 zur Änderung von SGB III § 421j.
[132] Vgl. ebenda, Artikel 1, Punkt 43 zur Änderung von SGB III § 421k.
[133] Vgl. Erstes Gesetz für moderne Dienstleistungen am Arbeitsmarkt Artikel 7 zur Änderung von TzBfG §14 Abs. 3.
[134] Vgl. Zweites Gesetz für moderne Dienstleistungen am Arbeitsmarkt Artikel 1 und 2.
[135] Vgl. SGB III §§ 421f.
[136] SGB III § 217.
[137] Vgl. Drittes Gesetz zur für moderne Dienstleistungen am Arbeitsmarkt Artikel 1 Punkt 234.

Mit **Hartz IV** wurde der Grundsatz von „Fördern und Fordern“ am 1. Januar 2005 gesetzlich verankert.[138] Hauptaugenmerk waren die Zusammenlegung von Arbeitslosenhilfe und Sozialhilfe zu „Arbeitslosengeld II“[139] sowie der Höchstbezug von Arbeitslosengeld, das ab jetzt „Arbeitslosengeld I“ (ALG I) hieß, für 1 Jahr. Ältere ab 55 Jahren werden hierbei bevorzugt, indem sie ALG I bis zu 18 Monate beziehen können. Diese Regelungen traten am 1. Februar 2006 in Kraft. Davor betrug dieser Zeitraum 32 Monate. Der Wechsel von ALG I zu ALG II war von großer Bedeutung für alle Arbeitslosen, da bei Bezug von ALG II auch Einkünfte von Personen in einer sogenannten Bedarfsgemeinschaft bei der Berechnung dieser Leistung berücksichtigt wurden.[140] Auch wurden die Zumutbarkeitskriterien verschärft[141], bei deren Nichtberücksichtigung eine Kürzung der Leistungen droht.[142] So sollen Arbeitslose angereizt werden, eine Stelle nicht aufgrund von Überqualifikation abzulehnen. Hartz IV stellt somit für Arbeitslose, unabhängig von ihrem Alter, einen sehr großen finanziellen Anreiz dar, sich in eine Erwerbstätigkeit zu begeben.

Weitere Verschärfungen folgten im **Gesetz zu Reformen am Arbeitsmarkt**.[143] So wurde die Altersgrenze für die Erstattungspflicht des Arbeitslosengeldes für Arbeitgeber auf 55 Jahre gesenkt und die maximale Erstattungsdauer auf 32 Jahre verlängert.[144] Ältere hatten und haben den Vorteil, dass fast gleichzeitig mit Hartz IV im **Fünften Gesetz zur Änderung des Dritten Sozialgesetzbuches und anderer Gesetze**, die Möglichkeit der Entgeltsicherung für Arbeitnehmer sowie der Beitragsbefreiung für Arbeitgeber verlängert wurde.[145] Aktuell können Arbeitnehmer bis längstens zum 31. Dezember 2009 diese Regelungen in Anspruch nehmen, Arbeitgeber bis Ende 2007.[146] In diesem Gesetz wurde

---

[138] Vgl. Viertes Gesetz für moderne Dienstleistungen am Arbeitsmarkt, Artikel 1, §§ 1 und 2.
[139] Vgl. BUNDESREGIERUNG (2004), veröffentlicht im Internet (9.1.2007)
[140] Vgl. Viertes Gesetz für moderne Dienstleistungen am Arbeitsmarkt, Artikel 1, § 2.
[141] Zum Beispiel wird in § 10 Abs. 2 explizit gesagt, dass eine höherwertige Ausbildung oder Qualifikation kein Kriterium ist, eine Stelle nicht anzunehmen. Im Umkehrschluss bedeutet dies, dass der Arbeitslose praktisch jede Arbeit, die er verrichten kann, annehmen muss.
[142] Vgl. Viertes Gesetz für moderne Dienstleistungen am Arbeitsmarkt, Artikel 1, §§ 10, 31.
[143] Vgl. SGB III § 434l.
[144] Vgl. SGB § 147a Abs. 1.
[145] Vgl. Fünftes Gesetz zur Änderung des Dritten Sozialgesetzbuches und anderer Gesetze, Artikel 1, Punkte 18 und 19.
[146] Vgl. SGB III § 421j und k.

auch die Möglichkeit zum Übergang in die Rente nach Arbeitslosigkeit gemäß SGB III § 428 bis Ende 2007 verlängert.[147]

Die letzte Änderung, die das Bundeskabinett verabschiedete, war das **Rentenversicherungs-Altersgrenzenanpassungsgesetz** (vgl. Fußnote 73). Wie schon kurz erwähnt, ist dieses Gesetz aktuell unter der Kurzformel „Rente mit 67" sehr stark in der Öffentlichkeit präsent. Damit wird die Regelaltersgrenze auf 67 Jahre angehoben.[148] So wird für die Jahrgänge ab 1947 das Rentenzugangsalter pro Jahrgang um einen Monat erhöht und ab den Jahrgängen 1959 bis 1963 um jeweils zwei Monate pro Jahrgang. Für alle jüngeren Jahrgänge ab 1964 wird dann die Regelaltersgrenze von 67 Jahren gelten.[149] Diese Regelungen sollen die Erwerbstätigkeit Älterer, vor allem wenn die Altersteilzeit und die „58er Regel" auslaufen, erhöhen. Jedes frühere Ausscheiden aus dem Erwerbsleben mindert die Rente, und deshalb sollte die Mehrheit der Beschäftigten eine längere Erwerbszeit in Betracht ziehen. Um die Nachhaltigkeit zu sichern, wurde die Bundesregierung auch verpflichtet, ab dem Jahr 2010 die Überprüfung der Anpassung der Regelaltersgrenze vorzunehmen.[150] Weitere Korrekturen sind somit möglich.

4.2.5.4 Ein Zwischenfazit der Gesetzgebung

Zusammenfassend betrachtet muss man feststellen, dass die Gesetzgebung nicht konsistent, im Sinne eines Anreizes für mehr Erwerbstätigkeit älterer Arbeitnehmer oder Arbeitsloser, ist. Vor allem ältere Arbeitslose werden nach wie vor unzureichend angereizt, wieder in Arbeit zu gehen. Die Situation, dass sich der Staat eben nicht nur um eine Altersgruppe kümmern kann, sondern alle berücksichtigen muss, hat dazu geführt, ältere Arbeitslose bevorzugt in den Ruhestand zu schicken, um jüngere Arbeitslose stärker bei Vermittlungsaktivitäten berücksichtigen zu können. Das Herausrechnen älterer Arbeitsloser aus der Arbeitslosenquote, an der in Deutschland in den letzten Jahren mehr oder weniger der Erfolg einer Regierung gemessen wurde, war ein weiterer Anreiz,

---

[147] Vgl. Fünftes Gesetz zur Änderung des Dritten Sozialgesetzbuches und anderer Gesetze, Artikel 1, Punkt 21.

[148] Vgl. Rentenversicherungs-Altersgrenzenanpassungsgesetz, Artikel 1, Punkt 8 zur Änderung von SGB VI § 35.

[149] Vgl. ebenda, Artikel 1, Punkt 56 zur Änderung von SGB VI § 235.

[150] Vgl. ebenda, Artikel 44 zur Änderung von SGB VI § 154.

diese Politik immer wieder zu verlängern. Hier sei die „58er Regel" genannt. In den letzten Jahren wurden allerdings mit den Hartz-Gesetzen richtige Signale gesetzt. Vor allem die massiven finanziellen Sanktionen reizen Arbeitslose generell an, sich stärker für eine neue Stelle zu engagieren. Dass Ältere später als jüngere Arbeitslose mit ALG II sanktioniert werden, muss nicht als Fehlanreiz bewertet werden. Hier sollte man berücksichtigen, dass diese in der Regel wesentlich länger in die Arbeitslosenversicherung eingezahlt haben. Entgeltsicherung reizt Arbeitnehmer an, auch Tätigkeiten unterhalb des eigenen Qualifikationsniveaus anzunehmen. Arbeitgeber erhalten mit dem Instrument Kombilohn Vergünstigungen, wenn sie einen Älteren einstellen. Auch die Möglichkeit der Befristung von Arbeitsverträgen wirkt sich förderlich auf die Einstellung Älterer aus, da sie die Hemmnisse, die durch tarifliche und senioritätsbedingte Regelungen beim Kündigungsschutz entstehen, abbauen. Nicht zuletzt wird die verlängerte Regelarbeitszeit, die aktuell diskutiert wird, schon aus finanziellen Gründen zu einer verlängerten Erwerbstätigkeit führen.

4.2.6 Weiterbildung

Das Schlagwort „Lebenslanges Lernen" hat – auch bei den Arbeitgebern – eine neue Dimension erreicht. Die Bundesvereinigung der Deutschen Arbeitgeberverbände fasste das im Jahr 2003 wie folgt zusammen: „Lebenslange Weiterbildung wird zum zentralen Element einer vorausschauenden Personalentwicklung und der Beschäftigungssicherung eines jeden Einzelnen."[151] Doch schaut man sich die Weiterbildungsquote der Bundesagentur für Arbeit an (vgl. Abbildung 19), so zeigt sich ein anderes Bild. Während auch schon in den Jahren 1998 bis 2002 nur ein geringer Anteil der Mitarbeiter, die an einer betrieblichen Weiterbildung teilnahmen, Ältere waren (rund 8 Prozent), hat sich der Anteil in den folgenden Jahren noch weiter bis auf unter 4 Prozent abgesenkt.

---

[151] Bundesvereinigung der Deutschen Arbeitgeberverbände (2003), S. 24.

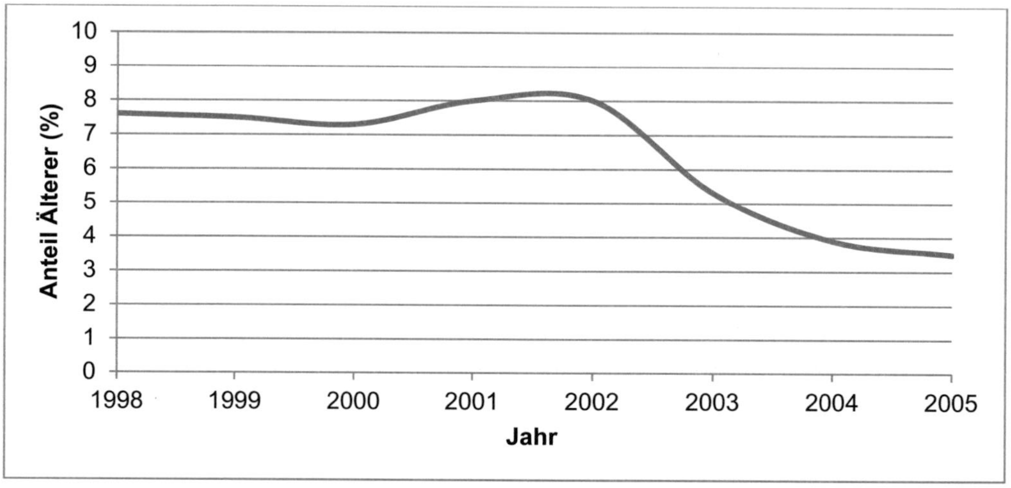

Abbildung 19: Anteil Älterer an betrieblichen Weiterbildungsmaßnahmen[152]

Eine Erklärung findet sich, wenn man sich die allgemeine Verteilung von Älteren nach Betriebsgrößen anschaut (vgl. Abbildung 20). Rund 80 Prozent aller älteren Beschäftigten arbeiten in einem Unternehmen mit weniger als zehn Mitarbeitern. Weiterbildung ist eine nicht unwesentliche Investition und verursacht einem Unternehmen Kosten (vgl. Humankapitaltheorie, Abschnitt 2.3). Kleine Unternehmen verfügen oftmals nicht über die finanziellen und zeitlichen Ressourcen, um Mitarbeiter für eine Fortbildung freizustellen.

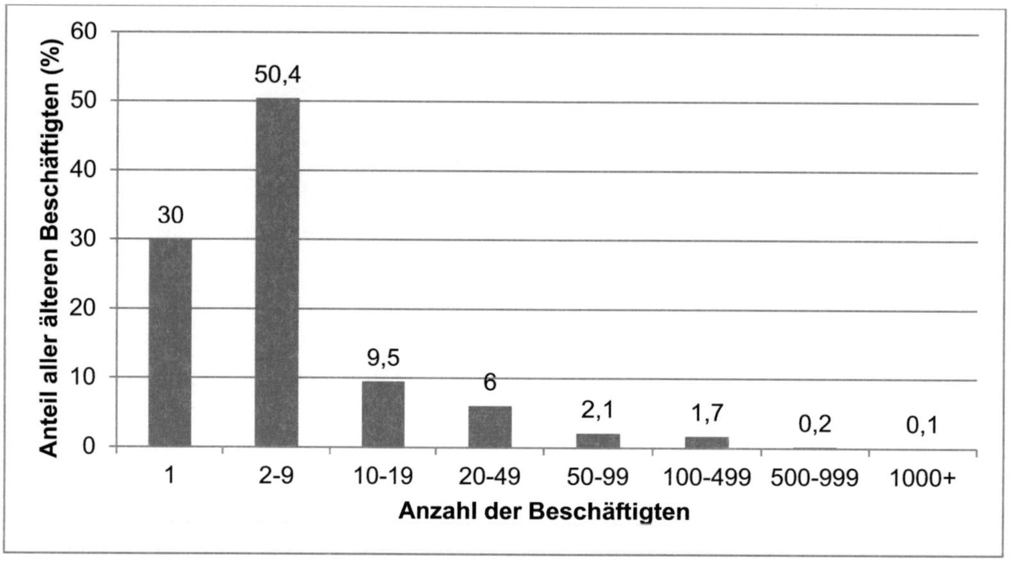

Abbildung 20: Anteil aller älteren Beschäftigten nach Betriebsgröße[153]

[152] Eigene Darstellung aus Daten von BUNDESAGENTUR FÜR ARBEIT (verschiedene Jahrgänge), veröffentlicht im Internet (10.1.2007).

Vor allem in Zeiten einer Rezession, wie es in Deutschland ab dem Jahr 2001 der Fall war (vgl. Fußnote 60), verschärft sich dieses Dilemma noch, so dass damit auch eine sinkende Weiterbildungsaktivität bei Älteren, wie in Abbildung 19 gezeigt wird, erklärt werden kann. Im Umkehrschluss bedeutet das, dass mit zunehmender Betriebsgrößenzahl die Weiterbildungsintensität steigt. Dies wurde auch im aktuellen Betriebspanel des IAB im Jahr 2005 empirisch bestätigt: Wie Abbildung 21 zeigt, führten rund ein Viertel aller Kleinstbetriebe Weiterbildungen durch; mit steigender Zahl der Mitarbeiter steigt die Quote, und fast alle Unternehmen ab einer Größe von 250 Mitarbeitern haben Weiterbildungen angeboten.

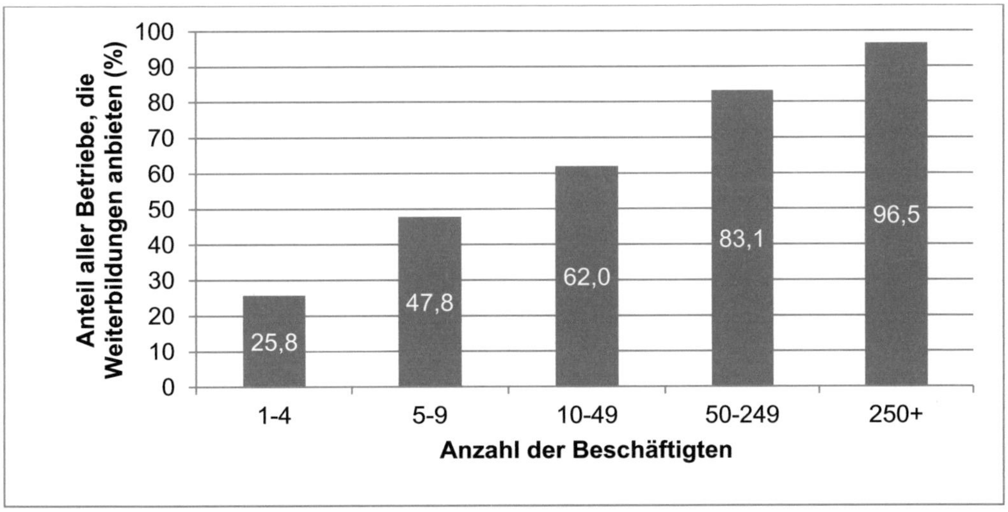

Abbildung 21: Weiterbildungsaktivitäten nach Betriebsgröße[154]

Vergleicht man jedoch die Verteilung Älterer und die Weiterbildungsaktivitäten nach Betriebsgröße, so stellt man fest, dass ein negativer Zusammenhang besteht. Ältere arbeiten vorrangig in kleinen Betrieben und haben deshalb schon ex ante schlechtere Chancen, ein großes Weiterbildungsangebot zu erhalten. Wertet man in diesem Zusammenhang die Ergebnisse der speziellen

[153] Eigene Darstellung aus Daten von BUNDESAGENTUR FÜR ARBEIT (verschiedene Jahrgänge), veröffentlicht im Internet (10.1.2007).
[154] Eigene Darstellung aus Daten von IAB BETRIEBSPANEL (2005), zitiert nach ALLMENDINGER / EBNER (2006), S. 41.

Befragung zur Weiterbildung des IAB Betriebspanel 2002[155] aus, so bestätigt sich diese Vermutung. Die Frage, ob Ältere in Weiterbildungsmaßnahmen einbezogen werden, konnten nur 2 bis 6 Prozent der kleinen Betriebe bis 19 Mitarbeiter bejahen. Allerdings arbeiten dort rund 90 Prozent aller Älteren. Spezielle Weiterbildungsmaßnahmen für Ältere bietet in dieser Betriebsgröße nur 1 Betrieb von 100 an. Mehr als zehn Weiterbildungen bieten Unternehmen von einer Größe bis 99 Mitarbeiter an, allerdings wurde auch hier im Durchschnitt nur 1 Schulung speziell für die älteren Mitarbeiter angeboten. Abbildung 22 zeigt die Weiterbildungsintensität für Ältere in Abhängigkeit von der Betriebsgröße.

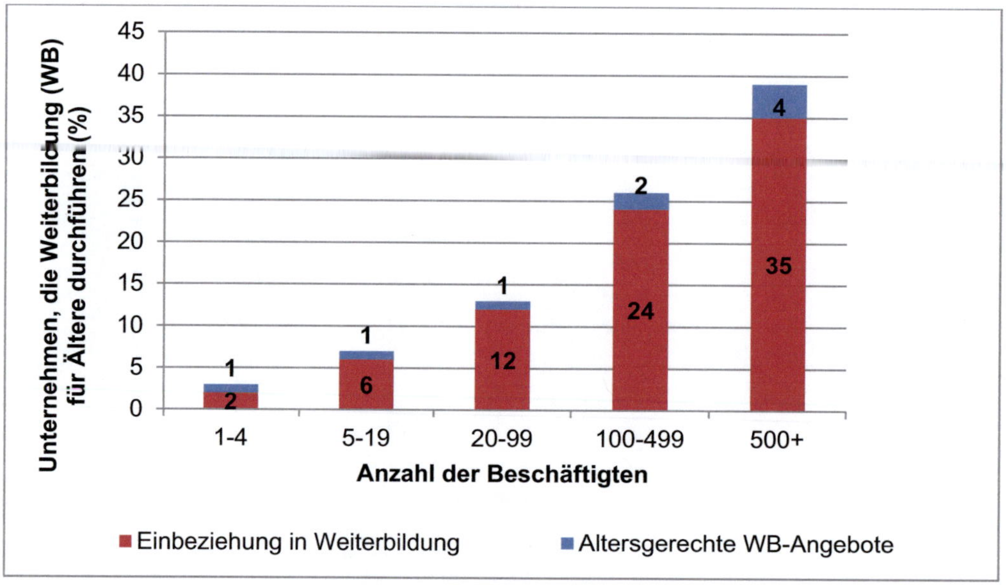

Abbildung 22: Weiterbildung für Ältere nach Betriebsgröße[156]

Vergleicht man diese Befunde mit der allgemeinen Beschäftigungsquote Älterer in Abhängigkeit von der Betriebsgröße (vgl. Abbildung 20) so stellt man fest, dass in den Genuss von mehr als 25 Weiterbildungsmaßnahmen und wenigstens zwei speziell für Ältere nur 2 Prozent der älteren Mitarbeiter kommen. Das Missverhältnis zwischen Beschäftigung und Weiterbildung Älterer wird besonders deutlich wenn man aus beiden Betrachtungen die relativen Anteile der älteren Beschäftigten mit dem Anteil der Weiterbildungsmaßnahmen für Ältere

[155] In diesem Betriebspanel wurde auch das Weiterbildungsverhalten im Unternehmen auf qualitativer Ebene untersucht. Im Betriebspanel von 2005 fand zu diesem Thema nur eine quantitative Erhebung statt.

[156] Eigene Berechnung und Darstellung aus Daten von BELLMANN / KISTLER / WAHSE (2003), S. 29 ff.

ins Verhältnis setzt. So erkennt man in Abbildung 23, dass 90 Prozent der Älteren nur Zugang zu 10 Prozent aller Weiterbildungsmaßnahmen haben. Eine „gerechte" Weiterbildungspolitik wäre gegeben, wenn das Verhältnis einer Gerade mit einer Steigung von 45 Grad entsprechen würde, also z.B. 50 Prozent aller älteren Beschäftigten auch 50 Prozent aller Weiterbildungsmaßnahmen für Ältere in Anspruch nehmen könnte. Von diesem Ziel ist man in Deutschland noch sehr weit entfernt.

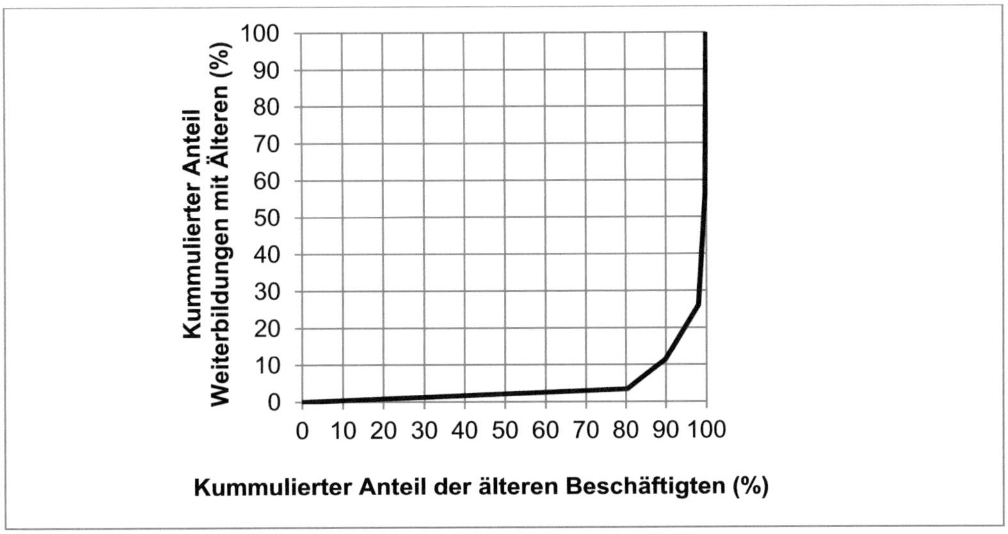

Abbildung 23: Verhältnis zwischen Beschäftigung und Weiterbildung bei älteren Mitarbeitern[157]

Diese Misere wurde auch von der Gesetzgebung erkannt. So wurde mit dem **Gesetz zur Reform der arbeitsmarktpolitischen Instrumente** (auch als **„Job-AQTIV-Gesetz"** bekannt) versucht, explizite Anreize für die Weiterbildung Älterer in kleinen und mittleren Betrieben zu setzen. Es soll „durch den Erwerb von arbeitsmarktnahen Kenntnissen [...] die Qualifikation auf dem neuesten Stand" gehalten und einer Entlassung aufgrund von fehlenden Qualifikationen entgegengewirkt werden.[158] Gefördert wird die externe Teilnahme an einer Weiterbildungsmaßnahme, für die der Arbeitnehmer freigestellt werden muss. Dies gilt für Ältere ab 50 Jahren in Betrieben bis zu 100 Mitarbeitern.[159]

[157] Eigene Berechnung und Darstellung aus Daten von IAB BETRIEBSPANEL (2005), zitiert nach ALLMENDINGER / EBNER (2006), S. 41 und BELLMANN / KISTLER / WAHSE (2003), S. 29 ff.
[158] BUNDESAGENTUR FÜR ARBEIT (2006c).
[159] Vgl. SGB III § 417 Abs. 1.

Ob diese Regelung, die mit dem „Job-AQTIV-Gesetz“ am 10. Dezember 2001 in Kraft trat[160], Früchte getragen hat, lässt sich bis jetzt nicht durch Statistiken belegen. Die allgemeine Weiterbildungsintensität Älterer fiel ab diesem Zeitpunkt (vgl. Abbildung 19). Es muss deshalb angenommen werden, dass die Opportunitätskosten, selbst bei Zahlung der Weiterbildung durch die Agentur für Arbeit, immer noch zu hoch für die Unternehmen sind, so dass sie nicht von dieser Möglichkeit Gebrauch machen. Vor allem die Bedingung der Freistellung wird viele Arbeitgeber abschrecken. In Betrieben bis 20 Mitarbeitern, in denen 90 Prozent aller Älteren beschäftigt sind, wird vermutlich genau kalkuliert, ob sich die Freistellung, die für eine bestimmt Zeit mit dem Verlust einer vollen Arbeitskraft einhergeht, lohnt. Es ist daher anzunehmen, dass die Freistellungsvoraussetzung ein starkes Hemmnis ist, die Weiterbildungsförderung nach SGB III § 417 einzusetzen. Um die Weiterbildungsquote zu erhöhen, ist geplant, die Förderungsgrenzen auszuweiten. So sollen künftig „Beschäftigte bereits ab 45 Jahren und in Betrieben mit weniger als 250 Beschäftigten Förderleistungen erhalten können“.[161] Allerdings wird das keine großen Auswirkungen auf die Weiterbildungsintensität Älterer haben. Erstens hat das Vorziehen der Altersgrenze keinen Einfluss auf Ältere und zweitens erhöht sich durch die Erweiterung der Mitarbeiterzahl als Förderkriterium der Anteil der Älteren, die potenziell an einer geförderten Weiterbildung teilnehmen können, lediglich um maximal 1 Prozentpunkt.[162]

4.2.7 Die Sensibilisierung aller Beteiligten

4.2.7.1 Fehlendes Bewusstsein für ältere Arbeitnehmer

Die bis jetzt beschriebenen Gesetzgebungsmaßnahmen der Regierung betreffen die Zielgruppe der älteren Arbeitnehmer. Unberücksichtigt blieben dabei jüngere Arbeitnehmer, die sich in der Regel erst bei Betroffenheit mit der Problematik „Arbeit bzw. Arbeitslosigkeit im Alter“ auseinander setzen, sich

---

[160] Vgl. Gesetz zur Reform der arbeitsmarktpolitischen Instrumente, Artikel 1, Punkt 1v.
[161] BUNDESMINISTERIUM FÜR ARBEIT UND SOZIALES (2006a), S. 5, veröffentlicht im Internet (13.1.2007).
[162] Ausgehend davon, dass 1,7 Prozent aller Älteren in Betrieben mit einer Mitarbeiterzahl von 100-499 beschäftigt sind (vgl. Abbildung 20), wird dieser Wert für die zusätzliche Betriebsgröße von 100-250 Mitarbeitern geschätzt.

selbst informieren oder durch externe Institutionen beraten lassen. Präventive Maßnahmen, mit denen die Arbeitslosigkeit im Alter hätte verhindert werden können, sind dann nicht mehr möglich. Laut einer repräsentativen Forsa-Studie zur Kenntnis des Begriffs „demographischer Wandel", die im April 2003 durchgeführt wurde, hatten zu diesem Zeitpunkt 52 Prozent aller Deutschen den Begriff noch nie gehört. Addiert man noch falsche und keine Antworten, so konnten fast zwei Drittel nichts mit dem Begriff „demographischer Wandel" anfangen.[163]

Des Weiteren ermittelte eine europaweite Umfrage zum Thema „Ältere" teilweise altersdiskriminierende Ansichten in Deutschland. Auf die Frage, ob in Unternehmen Ältere über 50 Jahre Platz für Jüngere machen sollten, bekundeten über 25 Prozent Zustimmung, rund 40 Prozent äußerten leichte und rund 30 Prozent starke Ablehnung.[164] Abbildung 24 zeigt die Verteilung der Antworten. Es besteht Möglichkeit, dass das Ergebnis durch sogenannte sozial erwünschte Antworten (v.a. im Bereich „Leichte Ablehnung") verzerrt wurde.

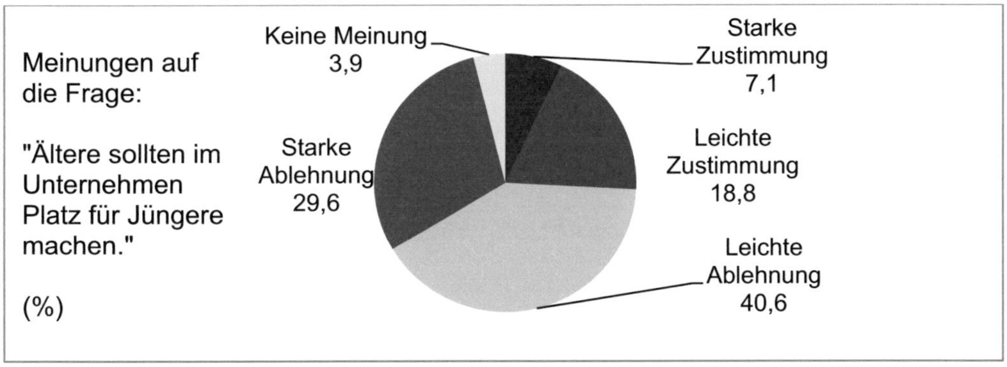

Abbildung 24: Einstellung gegenüber Älteren in Deutschland[165]

Ein weiteres Ziel der Bundesregierung ist es daher, das Bewusstsein für die Thematik in der breiten Bevölkerung zu schärfen. Dazu wurden neben den gesetzlichen Grundlagen Regierungsprogramme gestartet, die zum einen den Beitrag leisten sollen, vor allem arbeitslose Ältere wieder in Arbeit zu bringen. Zum anderen sollen diese mit Maßnahmen mit Instrumenten der Öffentlich-

---

[163] Vgl. BERTELSMANN STIFTUNG (2003), veröffentlicht im Internet (13.1.2007).
[164] Vgl. WALKER (1993), S. 25.
[165] Eigene Darstellung aus Daten von WALKER (1993), S. 25.

keitsarbeit helfen, auf die Problematik einer alternden Gesellschaft und die Folgen für den Arbeitsmarkt hinzuweisen.

4.2.7.2 Die Kampagne „Initiative 50plus“

Ein integriertes Rahmenprogramm, um die Beschäftigung Älterer zu erhöhen, ist die „Initiative 50plus“. Alle Maßnahmen, die auf verschiedene Zielgruppen wie ältere Arbeitnehmer und Arbeitslose, Arbeitgeber sowie die Öffentlichkeit abzielen, werden zusammengefasst und aufeinander abgestimmt. Die in Abschnitt 4.2.5.2 erläuterten gesetzlichen Regelungen und Programme, die in Abschnitt 4.2.8 beschrieben werden, sollen als ganzheitliche Strategie verstanden werden, um den Herausforderungen des demographischen Wandels in Deutschland zu begegnen.[166] Dabei sollen nicht nur die Gesetzgebung, sondern alle Parteien aktiv werden: der Bund und die Länder, Arbeitgeber, Arbeitnehmer, Gewerkschaften, Sozialversicherungsträger sowie gemeinnützige Organisationen. So wurde von der Bundesregierung im Jahr 2001 die „Initiative Neue Qualität der Arbeit“ (INQA) gegründet, die sich als zukunftsorientiertes Forum aller Beteiligten sieht, um die Unternehmen auf die Herausforderungen älterer Belegschaften vorzubereiten und sie bei der Bewältigung dieser Aufgabe zu unterstützen.[167] Unter dem Schlagwort „Erfahrung ist Zukunft“ wird die Öffentlichkeitsarbeit für die „Initiative 50plus“ betrieben.[168] Ein breites Publikum soll erreicht und eine Auseinandersetzung mit dem demographischen Wandel in Deutschland gefördert werden. Seit dem Jahr 2006 finden kontinuierlich Veranstaltungen statt: Über ein Service-Telefon werden in Kooperation mit regionalen Zeitungen über 50 Wochen hinweg Experten zu Wort kommen, Medieninformationen zum demographischen Wandel sollen ab Frühjahr 2007 monatlich den Journalisten zur Verfügung gestellt werden und es sollen Themenschwerpunkte in die öffentliche Debatte eingebracht werden.[169] Abbildung 25 zeigt Plakatkampagnen zum oben genannten Thema im Jahr 2006.

---

[166] Vgl. BUNDESMINISTERIUM FÜR ARBEIT UND SOZIALES (2007b), veröffentlich im Internet (13.1.2007).
[167] Vgl. INQA (2007), veröffentlicht im Internet (13.1.2007).
[168] Die Initiative versteht sich als Impulsgeber für die Thematik einer alternden Gesellschaft. Es werden deswegen neben de Themen Arbeiten und lebenslanges Lernen auch Engagement und Gesundheit angesprochen.
[169] Vgl. BUNDESREGIERUNG (2007), veröffentlicht im Internet (13.1.2007).

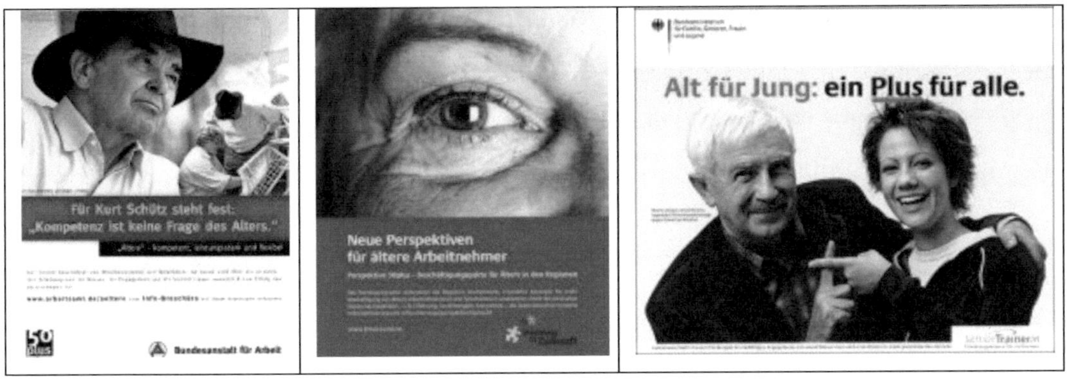

Abbildung 25: Beispiele öffentlicher Plakatkampagnen zur „Initiative 50plus“

4.2.8 Programme zur Beschäftigungsförderung Älterer

Das wohl größte Programm zur Beschäftigungsförderung Älterer ist das vom Bundesministerium für Arbeit und Soziales gestartete Programm „Perspektive 50plus – Beschäftigungspakte für Ältere in den Regionen“. Im Juni 2005 wurde mit dem Programm ein Ideenwettbewerb gestartet, um innovative Wege aufzuzeigen, wie ältere Arbeitslose wieder in Beschäftigung gelangen könnten. Aus den 276 Bewerbern (hauptsächlich Unternehmen und Sozialversicherungsträger) wurden 62 Regionalprojekte ausgewählt, die nun zwei Jahre lang, mit insgesamt 240 Millionen Euro gefördert werden.[170] In diesen Projekten werden die Unternehmen und Institutionen nun eigenverantwortlich neue Verfahren und Ideen durchführen und Erfahrungen sammeln können. So wird z.B. in Leipzig gemeinsam von der Arbeitsgemeinschaft (ARGE) Leipzig und der PUUL GmbH, einem Personal-Dienstleister, das Projekt „JobFORMAT 50plus“ durchgeführt. Neu ist, dass Ältere für eine bestimmte Zeit als „Expertenteam“ in ein Unternehmen gehen, um dort ein Projekt zu betreuen. Die erfolgreiche Bearbeitung soll berufliche Perspektiven im Unternehmen schaffen.[171] Regionale Erfolge sind vorhanden[172], aber inwieweit Kosten und Nutzen in einem angemessenen Verhältnis[173] stehen, muss in einer Gesamtevaluation untersucht werden. Diese wird während des Projektzeitraums vom Institut für Arbeit und Technik (IAT)

[170] Vgl. BUNDESMINISTERIUM FÜR ARBEIT UND SOZIALES (2005), veröffentlicht im Internet (13.1.2007).
[171] Vgl. PUUL GMBH (2007), veröffentlicht im Internet (13.1.2007).
[172] Vgl. BUNDESMINISTERIUM FÜR ARBEIT UND SOZIALES (2007a), veröffentlicht im Internet (26.2.2007).
[173] Immerhin werden durchschnittlich rund 3,9 Millionen Euro pro Projekt aufgewendet.

durchgeführt und soll zeigen, welchen „Mehrwert" die regionalen, zusätzlich zu den bisherigen bundesweiten Beschäftigungsmaßnahmen, schaffen, sowie die Innovationen und Erkenntnisse auf bundesdeutscher Ebene zusammenführen. Daraus sollen neue Förderformen abgeleitet werden.[174] Das Programm erfährt ein großes öffentliches Interesse: Neben den zahlreichen Stellenanzeigen der Projektgemeinschaften in der Presse, in denen nun erstmals explizit Ältere gesucht werden, finden zusätzlich Veranstaltungen, Workshops oder Treffen statt.[175] Ebenfalls sind die Projekte kontinuierlich in den Medien präsent.

4.2.9 Zusammenfassung

In Deutschland vollzieht sich ein demographischer Wandel. Ein steigender Bevölkerungsanteil an älteren Menschen stellt Politik, Unternehmen und Gesellschaft vor neue Herausforderungen. Einhergehend mit dem Bevölkerungsrückgang verringert sich auch die Zahl der Erwerbsbevölkerung. Auf diese Entwicklung am Arbeitsmarkt hat die Politik jedoch lange nicht reagiert. Allgemeine konjunkturelle bzw. strukturelle Arbeitslosigkeit wurde zum Teil dadurch bekämpft, dass ältere Arbeitslose verstärkt in den vorzeitigen Ruhestand geschickt wurden. Die Arbeitsagenturen widmeten sich vorrangig der Vermittlung jüngerer Arbeitssuchender. Eine für die jeweilige Regierung günstige Beeinflussung der Arbeitslosenquote spielte bei dieser Politik auch eine Rolle. Auch Unternehmen fokussierten sich lange Zeit auf jüngere Arbeitnehmer. Staatliche Frühverrentungsanreize wurden genutzt, um ältere Arbeitnehmer verstärkt über Altersteilzeit in den Ruhestand zu entlassen.

Seit den 1990er Jahren trat das Thema des demographischen Wandels immer mehr in den Vordergrund der Politik. Erste Reformen wurden eingeleitet. Aufgrund der ungünstigen Arbeitsmarktlage kam es jedoch zur Verabschiedung gegensätzlicher Reformen. So wurden z.B. Altersgrenzen erhöht und Abschläge festgelegt, aber auch immer wieder Möglichkeiten eingeführt und verlängert, die einen frühen Renteneintritt für ältere Arbeitnehmer und Arbeitslose förderten. Hier ist besonders die sogenannte „58er-Regel" hervorzuheben. Erst mit

---

[174] Vgl. INSTITUT FÜR ARBEIT UND TECHNIK (2006), veröffentlicht im Internet (13.1.2007).
[175] Vgl. BUNDESMINISTERIUM FÜR ARBEIT UND SOZIALES (2007c), veröffentlicht im Internet (26.2.2007).

den Gesetzen für moderne Dienstleistungen am Arbeitsmarkt wurden stärkere Anreize gesetzt. Zu nennen sind hier vor allem die Möglichkeiten zur Entgeltsicherung bei Aufnahme einer geringer bezahlten Tätigkeit für Arbeitnehmer sowie Befristungs- und Beitragsbefreiungsmöglichkeiten für Arbeitgeber. Die aktuellste Reform ist die Anhebung des gesetzlichen Rentenalters auf 67 Jahre. Um die Beschäftigungsfähigkeit Älterer zu erhöhen, wurden auch Weiterbildungsmöglichkeiten gefördert. Die Weiterbildungsquote Älterer ist nach wie vor sehr gering, so dass hier weiterer Handlungsbedarf besteht. Vor allem der hohe Anteil Älterer in Unternehmen bis 20 Mitarbeitern, die sich keine Freistellung für eine Weiterbildungsmaßnahme leisten können, erklärt diese Quote.
Da das Thema „demographischer Wandel“ in der Bevölkerung anscheinend noch unzureichend bekannt ist, muss die Politik Aufklärungsarbeit betreiben. Neben den gesetzlichen Regelungen, die jedoch erst wahrgenommen werden, wenn Arbeitnehmer von den Problemen Älterer auf dem Arbeitsmarkt selbst betroffen sind, wurden deshalb Initiativen und Sonderprogramme gestartet. So wurde der Ideenwettbewerb „Perspektive 50plus“ durchgeführt, aus dem 62 innovative Projekte zur Wiederbeschäftigung älterer Arbeitsloser entstanden sind. Die „Initiative Neue Qualität der Arbeit“ soll Unternehmen helfen, sich mit dem Thema „alternde Belegschaft“ auseinander zu setzen. Unter der Dachinitiative „Initiative 50plus“ wurde eine übergreifende Strategie entwickelt, die aufzeigen soll, wie die Gesellschaft in Zukunft mit den Herausforderungen des demographischen Wandels umgehen kann.

4.3 Finnland

4.3.1 Die Entwicklung der Bevölkerung

Der demographische Wandel hat auch in Finnland eingesetzt. Das Wachstum der Gesamtbevölkerung wird nach Annahme von Eurostat bereits in den nächsten 25 Jahren sein Ende erreicht haben. Abbildung 26 verdeutlicht die Entwicklungen der gesamten (blaue Linie) und älteren Bevölkerung (rote Linie) Finnlands. Um das Jahr 2030 wird das Land rund 5,5 Millionen Einwohner haben und von da an einem Schrumpfungsprozess ausgesetzt sein. Allerdings wächst der Anteil der Älteren (grüne Balken) weiter, da sich der Rückgang in dieser Altersgruppe später und außerdem nicht so stark vollziehen wird. So sind aktuell rund 37 Prozent aller Finnen älter als 50 Jahre. Im Jahr 2050 sollen es rund 45 Prozent sein.[176]

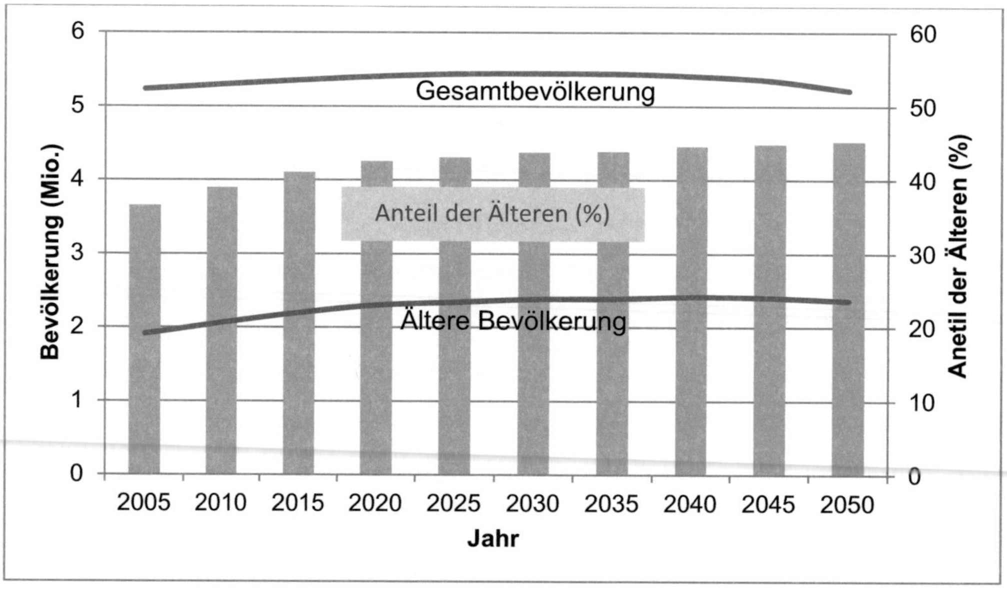

Abbildung 26: Entwicklung der Bevölkerung in Finnland[177]

Die Schrumpfung der Anzahl der Erwerbspersonen in Finnland wird sogar schon in dieser Dekade beginnen. Aktuell gibt es in Finnland rund 3,2 Millionen potenzielle Erwerbstätige. Diese Zahl wird stetig sinken und im Jahr 2050 bei rund 2,7 Millionen liegen. Auch die Größe des älteren Erwerbspersonenpotenzials (EWP) wird sich relativ gleichmäßig verkleinern. Werden heute rund 1,1 Millionen Erwerbspersonen den Älteren zugeschrieben, so wird sich die Anzahl im Jahr 2050 auf 950.000 reduziert haben. Der Anteil der Älteren am gesamten EWP ändert sich langfristig allerdings nicht. Jetzt und im Jahr 2050 liegt er bei ca. 35 Prozent.[178] Abbildung 27 zeigt diesen Sachverhalt.

---

[176] Vgl. EUROSTAT (2005c), veröffentlicht im Internet (15.12.2006).
[177] Eigene Berechnungen und Darstellung aus Daten von EUROSTAT (2005c), veröffentlicht im Internet (15.12.2006).
[178] Vgl. EUROSTAT (2005c), veröffentlicht im Internet (15.12.2006).

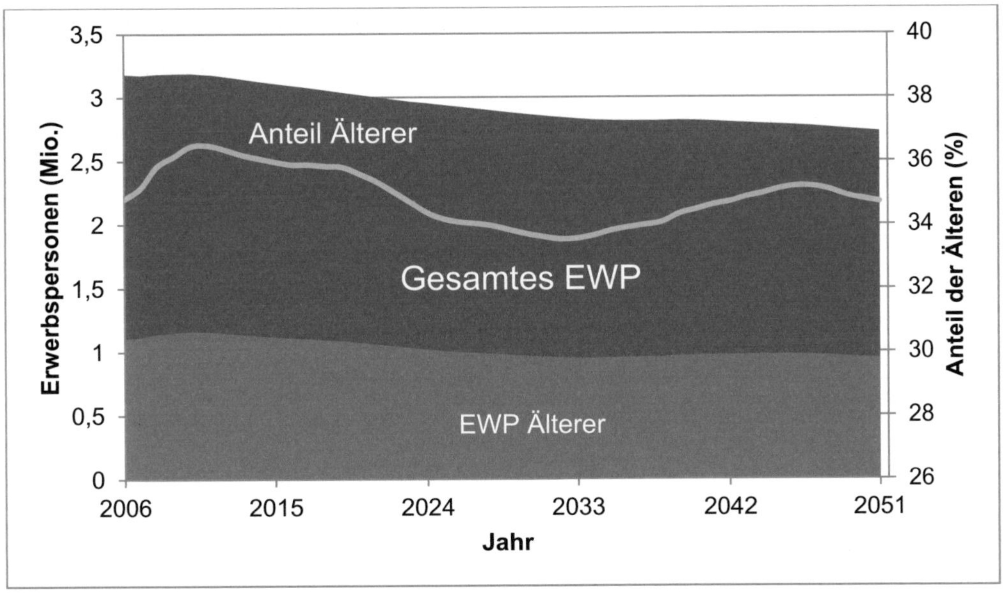

Abbildung 27: Entwicklung der Erwerbspersonen in Finnland[179]

4.3.2 Das finnische Wirtschaftssystem

Typisch für das heutige Finnland ist das System des Korporatismus. In diesem System werden alle arbeitsmarktpolitischen Entscheidungen im Einklang der mit Regierung sowie den Arbeitgeber- und Arbeitnehmerorganisationen getroffen.[180] Dieses System bildete sich seit Ende des 19. Jahrhunderts heraus, als Finnland den wirtschaftlichen Strukturwandel von der Landwirtschaft zur Industrialisierung vollzog. Anfängliche kapitalistische Tendenzen führten wie in England zu einem Auseinanderdriften von Arbeitgebern und Arbeitern. Gründungen von Gewerkschaften, in die zahlreiche Arbeiter eintraten, waren die Folge. Aufgrund gemeinsamer Interessen während des Zweiten Weltkrieges näherten sich beide Seiten aneinander an. Nach dem Krieg fokussierte sich die Regierung auf die Arbeitsmarktpolitik als Basis des Wohlfahrtsstaates. Auch das System des Korporatismus wurde seit Ende der 1960er Jahre entscheidend vor allem durch den Staat geprägt.[181] Dieses „3-Parteien-System", von Staat sowie Vertretern von Arbeitergebern und Arbeitnehmern, sollte sich als ein

---

[179] Eigene Berechnungen und Darstellung aus Daten von EUROSTAT (2005c), veröffentlicht im Internet (15.12.2006).
[180] Vgl. MINISTRY OF LABOUR (2006), S. 18, veröffentlicht im Internet (25.12.2006).
[181] Vgl. MINISTRY OF LABOUR (2006), S. 5, veröffentlicht im Internet (25.12.2006).

entscheidender Faktor in der Bewältigung der wirtschaftlichen Krise während der 1990er Jahre in Finnland herausstellen.

Bei der Politik in Bezug auf ältere Arbeitnehmer bediente man sich auch, wie in vielen europäischen Ländern, der Instrumente einer Frühverrentungspolitik. Besonders sogenannte Unfähigkeitsrenten, die in den 1960er und 1970er Jahren eingeführt wurden, fanden große Verwendung in der aktiven Arbeitsmarktpolitik. Ähnliche Regelungen wie in Deutschland konnten von älteren Arbeitslosen benutzt werden, um eher in Rente zu gehen. Weitere Vereinfachungen in den 1980er Jahren, wie z.B. die Einführung von Frührenten für Arbeitnehmer ab 55 Jahren, sorgten dafür, dass die Erwerbstätigkeit Älterer weiter sank.[182] Positiv schlug sich das in einer niedrigen Arbeitslosenquote nieder, allerdings auf Kosten der Beschäftigung Älterer. Wie Abbildung 28 zeigt, gingen 1990, zu Beginn der Wirtschaftskrise, drei Viertel aller erwerbsfähigen Finnen einer Beschäftigung nach, bei den über 50-Jährigen war diese Quote mit 57 Prozent aber niedriger. Bei der Bewältigung der Krise besann man sich auf das Potenzial der Älteren (vgl. Abschnitt 4.4.5), konnte den Fall der Gesamterwerbsquote stoppen und vor allem die Erwerbsquote Älterer deutlich erhöhen.

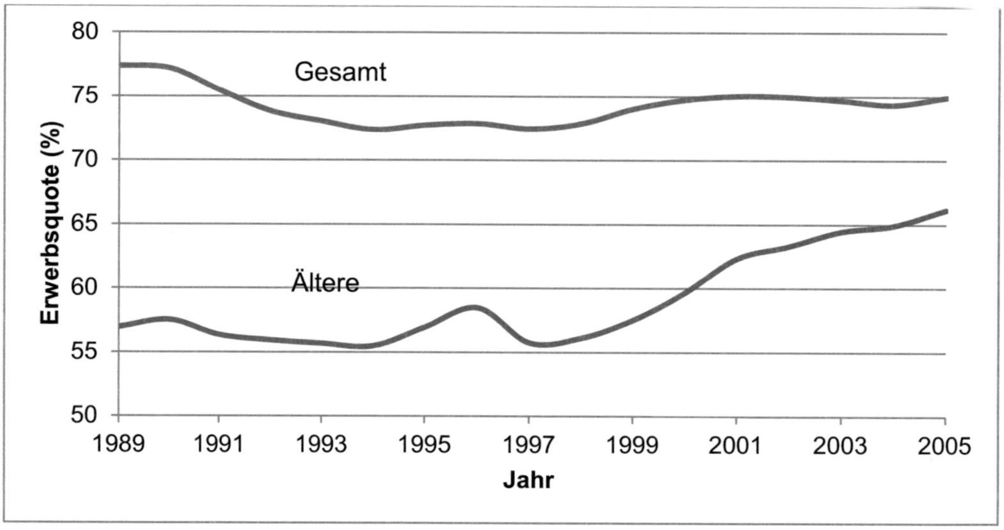

Abbildung 28: Entwicklung der Erwerbsquoten in Finnland[183]

[182] Vgl. GOULD / LAUKKANEN (2006), S. 136.
[183] Eigene Darstellung aus Daten von OECD STATISTICS (2006), veröffentlicht im Internet (25.12.2006).

4.3.4 Die Krise der finnischen Wirtschaft als Initialzündung

Nach einer Wirtschaftskrise in den 1970er Jahren setzte in Finnland ein zu schnelles Wirtschaftswachstum ein, auf das die Fiskalpolitik ungenügend reagierte. Zwar pendelte sich die Arbeitslosigkeit auf niedrigstem Niveau ein; gleichzeitig kam es aber auch zu einem starken Anstieg der Inflation (ca. 7 Prozent Anfang der 1990er Jahre). Der starke Preisanstieg führte zu einer Verteuerung von Investitions- und Konsumgütern. Einbrüche bei Investition und Konsum sowie beim Export[184] waren die Folge. Nachdem im Jahr 1988 noch ein BIP von 5,4 Prozent verzeichnet werden konnte, schrumpfte die Produktion von Waren und Dienstleistungen im Jahr 1991 um 6,5 Prozent.[185] Die Arbeitslosigkeit stieg sprunghaft von 3 auf rund 17 Prozent an. Während man die Trendwende auf dem Gesamtarbeitsmarkt bereits nach drei Jahren schaffte, stieg die Zahl der älteren Arbeitslosen vorerst weiter an (vgl. Abbildung 29).

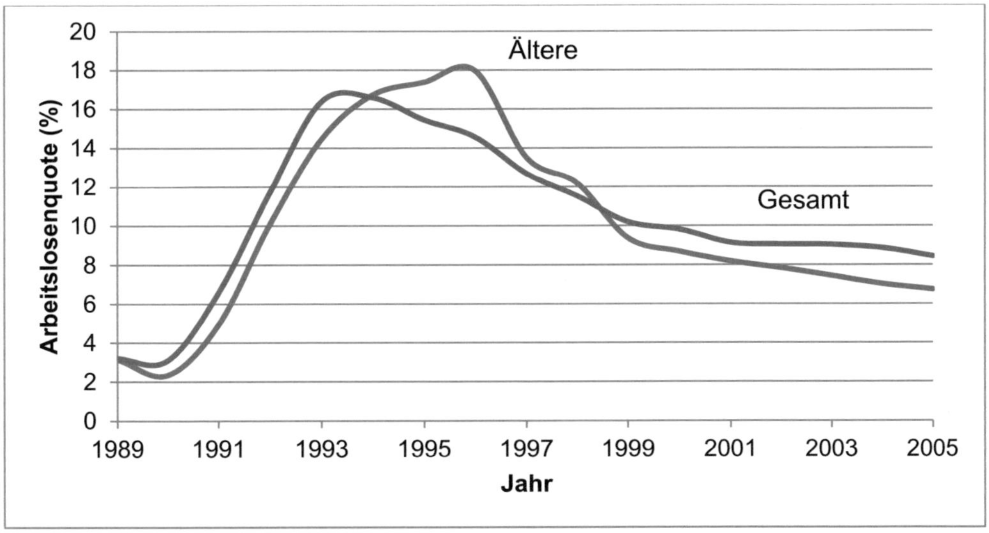

Abbildung 29: Entwicklung der Arbeitslosenquoten in Finnland[186]

Der Grund war, dass Finnland den Einstieg in die „New Economy“ erfolgreich absolviert hatte. Neue Fähigkeiten und Kenntnisse wurden nachgefragt, welche allerdings von den Älteren eher nicht bedient werden konnten (z.B. Computer-

[184] Neben der Verteuerung der finnischen Produkte war der Wegfall des Ostblocks (vor allem der Sowjetunion) als wichtiger Handelspartner ein erschwerender Faktor.
[185] Vgl. KOSKELA / UUSITALO (2006), S. 161 f.
[186] Eigene Darstellung aus Daten von OECD STATISTICS (2006), veröffentlicht im Internet (25.12.2006).

oder Internetkenntnisse). Neben den hohen Arbeitslosenzahlen Älterer führten auch demographische Prognosen, die einen kontinuierlichen Anstieg des älteren Erwerbspersonenpotenzials im Gegensatz zu den Jüngeren vorhersagten, zum Umdenken der finnischen Regierung: Ältere wurden in den Fokus genommen.[187] Abbildung 30 zeigt die oben beschriebenen Entwicklungen. In der linken Grafik ist deutlich der Rückgang von „traditionellen" Stellen, in denen 1988 noch drei Viertel aller Arbeitnehmer arbeiteten, zu erkennen. Im Jahr 2000 machten die Stellen nur noch rund 30 Prozent aus. Wissensbasierte und IT Stellen bildeten zu diesem Zeitpunkt das Gros der Arbeitsplätze. Die rechte Grafik verdeutlicht, wie stark das EWP bei den Älteren gestiegen ist: Seit den 1990er Jahren stieg es um über 50 Prozent, während das EWP der Jüngeren nur noch bei rund 70 Prozent des Ausgangswertes zu Beginn der 1990er Jahre liegt.

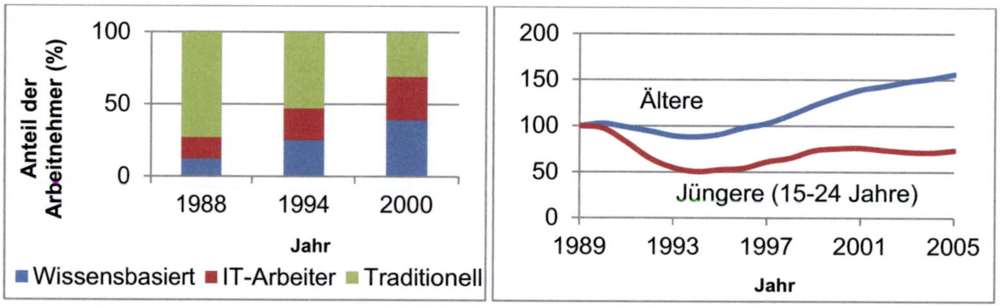

Abbildung 30: Strukturwandel des Arbeitsmarktes und relative Entwicklung des älteren und jüngeren Erwerbspersonenpotenzials[188]

Die neuen Erkenntnisse veranlassten die finnische Regierung 1998 „The National Program on Ageing Workers 1998 – 2002" (FINPAW) zu starten.[189]

---

[187] Vgl. EUROPEAN FOUNDATION FOR THE IMPROVEMENT OF LIVING AND WORKING CONDITIONS (2004), S. 2, veröffentlicht im Internet (26.12.2006).

[188] Eigene Darstellungen aus Daten von OECD STATISITICS (2006), veröffentlicht im Internet (26.12.2006); MINISTRY OF SOCIAL AFFAIRS AND HEALTH (2002a), S. 15, veröffentlicht im Internet (26.12.2006).

[189] Vgl. MINISTRY OF SOCIAL AFFAIRS AND HEALTH (2000), veröffentlicht im Internet (26.12.2006).

4.3.5 The National Program on Ageing Workers als Rahmen

4.3.5.1 Definition der Probleme

Das finnische Programm für ältere Arbeitnehmer basiert auf der Arbeit eines Komitees, „...to investigate how the work input of ageing workers could best be used to benefit working life“.[190] Es wurden sechs Sachverhalte als problematisch definiert, und versucht, Vorschläge zu deren Lösung zu unterbreiten:

- der zu frühe Eintritt in die Rente,
- die niedrige Beschäftigungsrate Älterer,
- die schlechte Wiedereingliederung älterer Arbeitsloser,
- die schwache Leistung Älterer am Arbeitsplatz,
- das niedrige Bildungsniveau Älterer sowie
- die unzureichende Information über das Thema ältere Arbeitnehmer und die Vorurteile mit einer daraus resultierenden Diskriminierung Älterer.[191]

Aus den Empfehlungen des Komitees erarbeitete die finnische Regierung 1998 das 40 Punkte umfassende „National Program on Ageing Workers 1998 – 2002“. Aufgegliedert war das Programm in drei Schwerpunkte:

1. Entwicklung des Arbeitsumfeldes und der Arbeitsbedingungen,
2. Förderung einer Rückkehr in Arbeit,
3. Schaffung von Renten- und Sozialversicherungsinstrumenten, die das Arbeiten fördern.[192]

Zielgruppe waren zuallererst ältere Arbeitnehmer und Arbeitslose ab 45 Jahren. Zusätzlich sollten alle relevanten Parteien im Umfeld dieser Hauptzielgruppe berücksichtigt werden. Das Programm bezog somit Arbeitgeber, Gesundheits- und Bildungseinrichtungen sowie „Policy-Maker“, wie Gewerkschaften und Verbände, aber auch die breite Öffentlichkeit mit ein.[193]

---

190 MINISTRY OF SOCIAL AFFAIRS AND HEALTH (2002b), S. 7, veröffentlicht im Internet (26.12.2006).
191 Vgl. Arnkil & Nieminen (2000), S. 3, veröffentlicht im Internet (26.12.2006).
192 Vgl. MINISTRY OF SOCIAL AFFAIRS AND HEALTH (2002a), S. 13, veröffentlicht im Internet (26.12.2006).
193 Vgl. ARNKIL / NIEMINEN (2000), S. 3, veröffentlicht im Internet (26.12.2006).

Man ging davon aus, dass einseitig auf Ältere bezogene Reformen sicherlich wirksam sein könnten, aber nicht zu einem optimalen Ergebnis führen würden. Man wollte die Abhängigkeiten berücksichtigen, mit denen Ältere auf dem Arbeitsmarkt konfrontiert sind, und daraus eine Strategie entwickeln, um das Ziel „Arbeit und Beschäftigung für Ältere" zu erreichen.

Abbildung 31 zeigt diese Beziehungen. Arbeitsfähigkeit bildet die Grundlage. Es hängt von den Qualifikationen und Fähigkeiten und Arbeitsbedingungen ab, ob der Ältere überhaupt in der Lage ist zu arbeiten. Ist diese Voraussetzung erfüllt muss die Fähigkeit einer Beschäftigung nachzugehen vorhanden sein. Diese Determinante wird durch das Verhalten bzw. die Personalpolitik der Unternehmen aber auch durch das Verhalten der Gesellschaft und anderen Parteien, wie dem Gesundheits- bzw. Sozialwesen, beeinflusst.

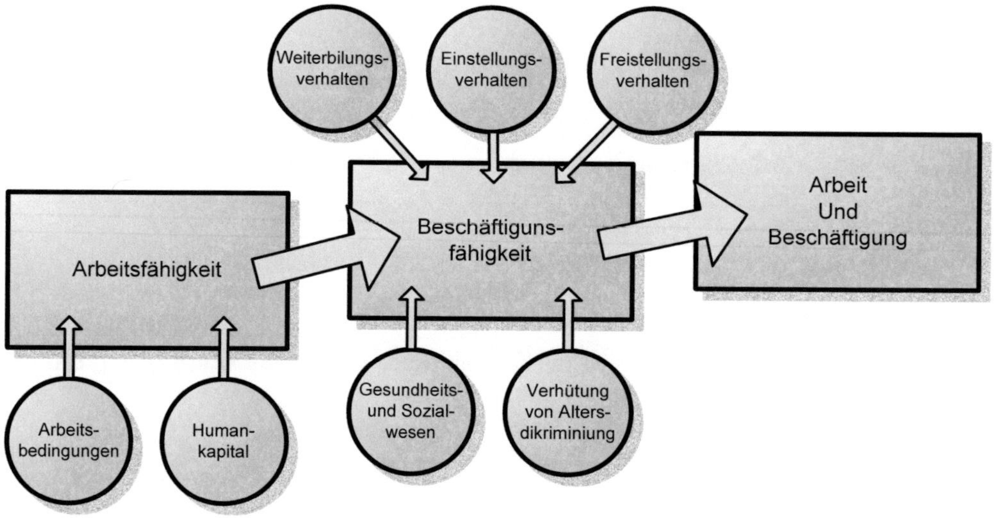

Abbildung 31: Beziehung von Arbeits- und Beschäftigungsfähigkeit[194]

Die größte Bedeutung wurde der Aufklärung und Information zugerechnet. Über die Hälfte des Budgets von insgesamt 25 Millionen Finnischen Mark (FIM) - rund 4,2 Millionen Euro - verwendete man für Kampagnen, die die Einstellung der finnischen Gesellschaft zum Thema „ältere Arbeitnehmer" positiv verändern

---

[194] Vgl. ILMARINEN (2001), S. 549.

sollten. Abbildung 32 zeigt das Budget und somit die „Prioritäten" des FINPAW in seinem Verlauf.

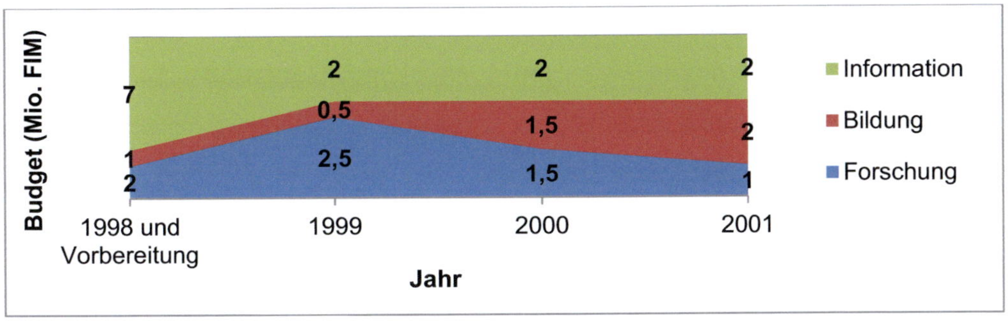

Abbildung 32: Verteilung des Budgets für FINPAW über die Jahre 1998 bis 2001[195]

Mit der Sensibilisierung für die Probleme älterer Erwerbsfähiger erhoffte sich die Regierung positive Rückkopplungen mit anderen Bereichen des Arbeitsmarktes. So sollte eine Basis für Umdenken und Reformen auf den Gebieten Arbeits- und Beschäftigungsfähigkeit geschaffen werden.[196]

4.3.5.2 Verbesserung der Einstellung gegenüber Älteren

Die Öffentlichkeitsarbeit spielte beim „National Program on Ageing Workers" von 1998 bis 2002 eine große Rolle. Neben Publikationen, Broschüren und Print-Anzeigen wurde vor allem in Radio und Fernsehen, auch mit unorthodoxen Instrumenten, intensiv geworben: Zum Beispiel waren zwei populäre Sänger Schirmherren des Programms, die u.a. ein Lied („Tehdään yhdessä" – „Lasst uns zusammen arbeiten") produzierten. Ein anderes Beispiel war eine werktägliche Sendung auf einer beliebten Radiostation.[197]

Eine Befragung von Arbeitsmarktexperten auf nationaler, regionaler und lokaler Ebene ergab, das drei Viertel der Experten bestätigen, dass sich die Informationsmöglichkeiten zur Problematik Älterer verbessert hätten. Auch gingen rund

---

[195] Eigene Darstellung aus Daten von MYHRMANN (2000), S. 32, veröffentlicht im Internet (26.12.2006).

[196] Vgl. MINISTRY OF SOCIAL AFFAIRS AND HEALTH (2002b), S. 12, veröffentlicht im Internet (26.12.2006).

[197] Vgl. MINISTRY OF SOCIAL AFFAIRS AND HEALTH (2002a), S. 39 ff., veröffentlicht im Internet (26.12.2006).

60 Prozent aller Experten davon aus, dass sich die generelle Einstellung der Bevölkerung gegenüber älteren Arbeitnehmern gebessert hätte.[198]

Die Befragung ergab auch, dass das Bewusstsein für ältere Mitarbeiter als wertvolle Ressource gestiegen ist: 55 Prozent gehen davon aus, dass die Chancen für Ältere, eine Stelle bis zum gesetzlichen Rentenalter zu besetzen, gestiegen sind. 68 Prozent stimmten zu, dass Ältere nach dem Programm eine bessere Weiterbildungssituation vorfinden, und noch 38 Prozent gaben an, dass die Unternehmen bei Managemententscheidungen den Faktor „ältere Mitarbeiter" positiv berücksichtigen.[199]

Schaut man sich alle Ergebnisse in Abbildung 33 an, so stellt man fest, dass die Meinungen hinsichtlich Älterer, die nicht beschäftigt sind, auseinander gehen. So gingen 26 Prozent davon aus, dass sich die Diskriminierung bei Einstellungsentscheidungen reduziert hat. Jedoch meinten 23 Prozent, eine Verschlechterung sei eingetreten.

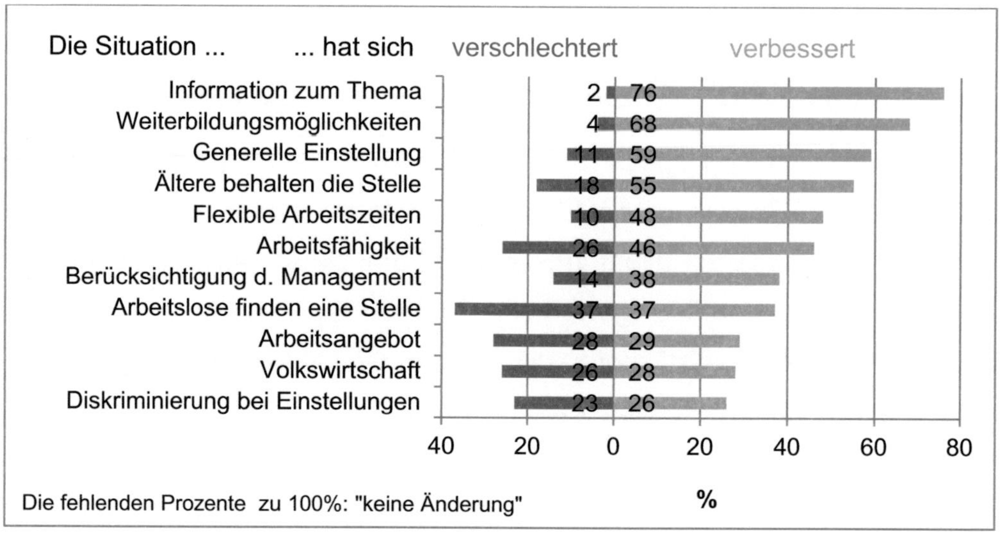

Abbildung 33: Experteneinschätzungen bzgl. der Änderungen nach FINPAW[200]

Ein ähnliches Bild zeigt sich bei der Einschätzung der Lage der älteren Arbeitslosen aufgrund des Programmes. Jeweils 37 Prozent der befragten Experten

---

198 Vgl. MINISTRY OF SOCIAL AFFAIRS AND HEALTH (2002b), S. 13 ff., veröffentlicht im Internet (26.12.2006).

199 Vgl. EBENDA.

200 Eigene Darstellung in Anlehnung an MINISTRY OF SOCIAL AFFAIRS AND HEALTH (2002b), S. 39, veröffentlicht im Internet (26.12.2006).

waren der Meinung, eine Verbesserung bzw. eine Verschlechterung habe stattgefunden. Berücksichtigt man zusätzlich die Experten, die den Maßnahmen bezüglich dieser zwei letztgenannten Punkte „keine Änderung" attestierten, so haben die Instrumente hier nicht gewirkt, da mehrheitlich keine positive Änderung der im Vorfeld erkannten Probleme (vgl. Abschnitt 4.4.5.1) erreicht werden konnte. Die Arbeitslosenquote Älterer ging zwar zurück; das kann aber auch auf den Rückgang jüngerer Erwerbspersonen (vgl. Abbildung 30) zurückzuführen sein. Oder um es mit den Worten eines interviewten Unternehmers zu sagen, der an einem Projekt im Rahmen des FNPAW teilnahm, „...because where else could we have found anyone to recruit?"[201]

4.3.5.3 Arbeitsfähigkeit als Grundlage

Ein weiterer wichtiger Punkt im Fokus des Programmes waren die Erhaltung und Förderung der Arbeitsfähigkeit als Grundlage für eine Beschäftigungsfähigkeit. So wurde vor allem die Gesundheit am Arbeitsplatz durch Kampagnen thematisiert. Durch die in Unterabschnitt 4.3.5.2 genannten Mittel der Öffentlichkeitsarbeit wurden spezifische Forschungsergebnisse an die Zielgruppe – die Unternehmen – kommuniziert.[202]

Der Punkt Arbeitsfähigkeit wurde bei der Expertenbefragung (vgl. Abbildung 33) ebenfalls von der Mehrheit der Experten positiv bewertet. In speziellen Umfragen zu diesem Thema ist auch im Unternehmen ein Einstellungswandel zu erkennen. War der Fokus 1998 bei Mitarbeitern und Unternehmen noch auf körperliche und geistige Fitness gerichtet (vgl. Abbildung 34 und 35), so änderten sich durch FINPAW bis 2002 die Einstellungen gegenüber der Erhaltung der Arbeitsfähigkeit bei beiden Gruppen. Für die Unternehmensführung (vgl. Abbildung 34) wurden Punkte wie „medizinische Check-ups" für ältere Arbeitnehmer oder die „Förderung eines gesunden Lebensstils" am Arbeitsplatz relevanter. Auch „Altersmanagement" gewann an Bedeutung.[203]

---

[201] MINISTRY OF SOCIAL AFFAIRS AND HEALTH (2002b), S. 15, veröffentlicht im Internet (26.12.2006).
[202] Vgl. MINISTRY OF SOCIAL AFFAIRS AND HEALTH (2002a), S. 41 ff., veröffentlicht im Internet (26.12.2006).
[203] Vgl. MINISTRY OF SOCIAL AFFAIRS AND HEALTH (2002a), S. 137 ff., veröffentlicht im Internet (26.12.2006).

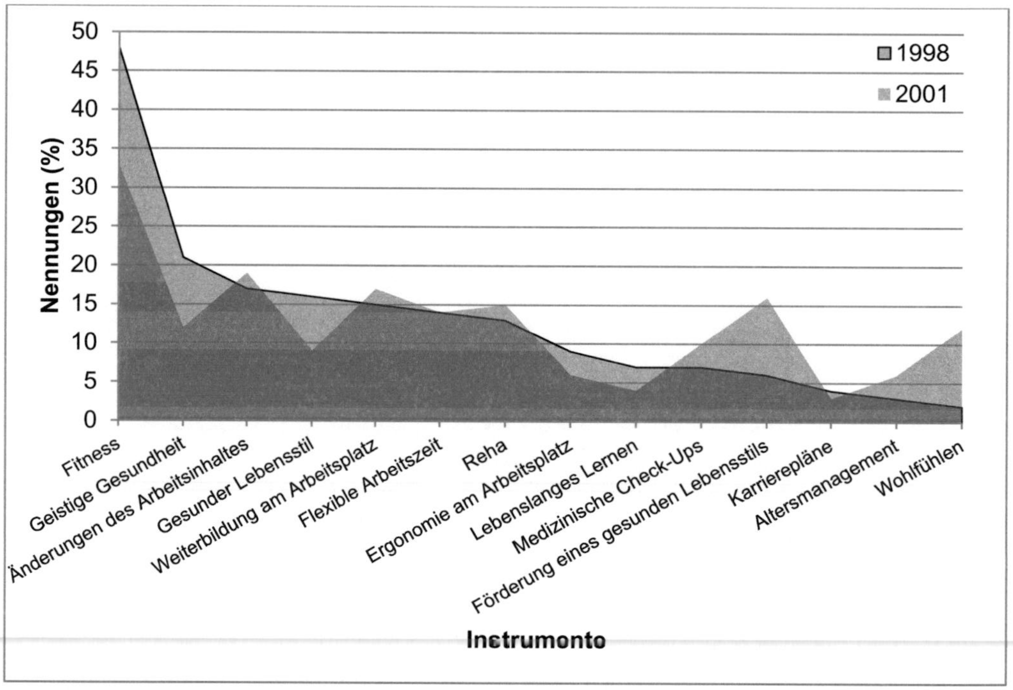

Abbildung 34: Relevante Instrumente aus Sicht des Managements zur Erhaltung der Arbeitsfähigkeit älterer Mitarbeiter[204]

Noch stärker beeinflusste die Kampagne zum Thema „Arbeitsfähigkeit“ die Meinungen der Mitarbeiter. In Abbildung 35 wird deutlich, dass 1998 die Themen „Medizinische Check-ups“, „Förderung eines gesunden Lebensstils“, „Altersmanagement“ und „Wohlfühlen“ am Arbeitsplatz nicht im Spektrum der Mitarbeiter vorhanden waren, bis 2001 aber in den Fokus der Aufmerksamkeit gerieten. Als besonders relevant wurden die ersten zwei Punkte angesehen.[205]

[204] Eigene Darstellung in Anlehnung an MINISTRY OF SOCIAL AFFAIRS AND HEALTH (2002a), S. 137 ff., veröffentlicht im Internet (26.12.2006).
[205] Vgl. MINISTRY OF SOCIAL AFFAIRS AND HEALTH (2002a), S. 137 ff., veröffentlicht im Internet (26.12.2006).

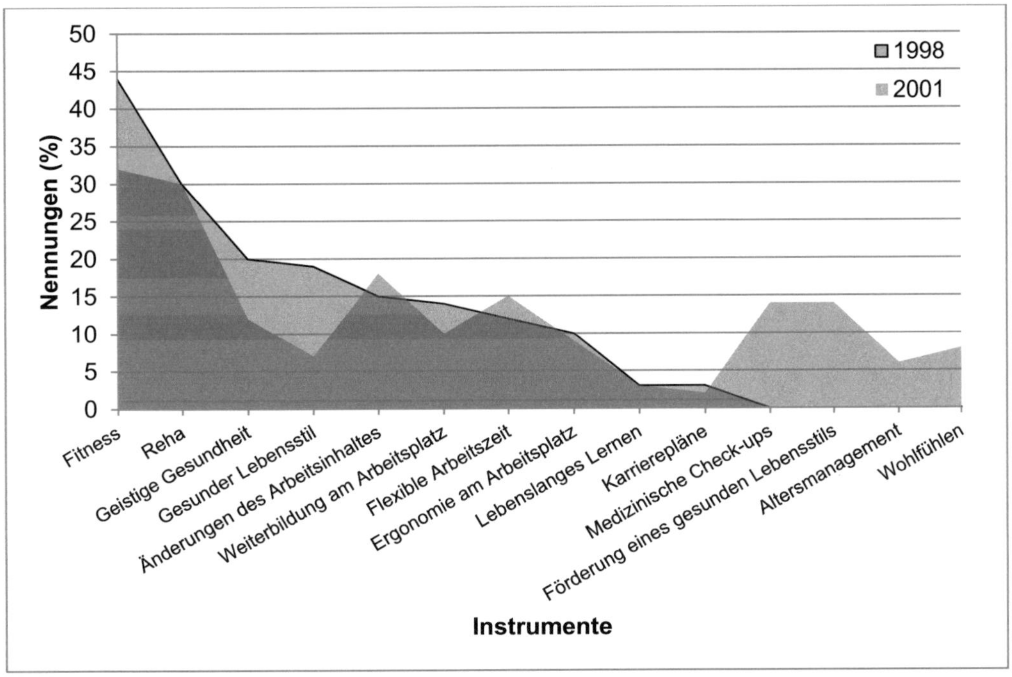

Abbildung 35: Relevante Instrumente aus Sicht der Mitarbeiter zur Erhaltung der Arbeitsfähigkeit älterer Mitarbeiter[206]

4.3.5.4 Förderung der Beschäftigungsfähigkeit

Ansätze beim Management

Hatte man zu Beginn des FNPAW, in den Jahren 1998 und 1999, erst einmal alle relevanten Zielgruppen mit Informationen versorgt, indem man ausgiebig Forschung und vor allem Aufklärung betrieb, so ging man nun dazu über, explizit die Unternehmensführung zum Thema „ältere Mitarbeiter" zu schulen (vgl. auch Abbildung 32). Da man erkannte, dass die Unternehmensführung den größten Einfluss auf die Determinanten Personaleinstellung, -freistellung und -weiterbildung, die die Beschäftigungsfähigkeit Älterer beeinflussen, hat, wollte man diese Gruppe besonders sensibilisieren. Im Rahmen des „Altersmanagementtraining"-Programms wurden in Allianz mit führenden Wirtschafts-Weiterbildungseinrichtungen Seminare abgehalten. Hier wurde wiederholt Wert darauf gelegt, eine positive Einstellung des Managements gegenüber älteren Arbeitnehmern zu fördern. Weiterhin wurde praktisches Wissen in Bezug auf Altersmanagement und Weiterbildung Älterer vermittelt. Separat wurden auch

[206] Eigene Darstellung in Anlehnung an MINISTRY OF SOCIAL AFFAIRS AND HEALTH (2002a), S. 137 ff., veröffentlicht im Internet (26.12.2006).

drei „Top-Level"-Seminare angeboten, um Spitzen-Manager als Entscheider und auch als Meinungsführer besonders mit dem Thema vertraut zu machen.[207]

Anreize für Arbeitnehmer

Auch für die Arbeitnehmer wurden gesetzliche Anreize geschaffen, um sie von einem frühen Ausscheiden aus dem Erwerbsleben abzuhalten. Zahlreiche Regeländerungen im Arbeitsgesetz und vor allem im Rentengesetz wurden auf den Weg gebracht, welche sich ebenfalls auf die Erkenntnisse aus den Forschungen und Erfahrungen während des FINPAW stützten.[208]

Unter anderem traten folgende wichtige Änderungen im Rentengesetz ab dem Jahr 2000 in Kraft:

- Verringerung der Höhe der Rente aufgrund von Arbeitslosigkeit.
- Verringerung der Arbeitgeberbeiträge zu den Sozialversicherungen bei Einstellung eines über 50-Jährigen.
- Heraufsetzung des frühestmöglichen Rentenalters von 58 auf 60 Jahre.
- Förderung von befristeter Arbeit durch Arbeitslose (wenn diese eine niedriger bezahlte befristete Arbeit annahmen, wurden die niedrigeren Rentenbeiträge nicht berücksichtigt).
- Intensivierung von Weiterbildungen für ältere Arbeitslose zwischen 55 und 59 Jahren.
- Bezahlung von Vorsorgeuntersuchungen für Arbeitnehmer durch die Rentenversicherung, um einem Ausscheiden aus dem Erwerbsleben wegen Berufsunfähigkeit vorzubeugen.[209]

Die Rentenreform

Die wichtigsten Anreize wurden aber in der Rentenreform von 2005 gesetzt. Die Rentenberechnung wurde grundlegend geändert und eine Frühverrentung sehr unattraktiv gemacht. War das ursprüngliche Rentenalter bei 65 Jahren fixiert, wurde nun ein flexibles gesetzliches Rentenalter zwischen 63 und 68 Jahren

---

[207] Vgl. MYHRMANN (2000), S. 38 f., veröffentlicht im Internet (26.12.2006).
[208] Vgl. EUROPÄISCHE KOMMISSION (2005), veröffentlicht im Internet (29.12.2006).
[209] Vgl. MINISTRY OF SOCIAL AFFAIRS AND HEALTH (2002a), S. 51 ff., veröffentlicht im Internet (26.12.2006).

festgelegt. Möglichkeiten eines verfrühten Renteneintritts gab es bis 2005 ab dem vollendeten 60. Lebensjahr bis zum Alter von 64 Jahren. Jetzt besteht diese Möglichkeit aber nur noch im Alter von 62 Jahren. Die Rentenhöhe setzt sich aus den Einzahlungen in die Rentenkasse zusammen, die jährlich mit einem dynamischen Zinssatz multipliziert werden. Dieser betrug nach alten Berechnungen bis zu zum 60. Lebensjahr 1,5 Prozent, danach bis zum Rentenalter von 65 Jahren 2,5 Prozent. Eine Weiterarbeit wurde dann monatlich mit 0,6 Prozent, also 7,2 Prozent jährlich, belohnt. Das neue System bietet die alte Verzinsung von 1,5 Prozent bis 52 Jahre, danach 1,9 Prozent bis 62 Jahre. Ab einem Alter von 63 Jahren werden 4,5 Prozent Zinsen berechnet. Die Weiterarbeit nach dem oberen Ende des flexiblen Renteneintritts ab 68 Jahren wird mit 0,4 Prozent monatlich belohnt. Die Frühverrentung, die wie erwähnt nur mit 62 Jahren möglich ist, wird stark sanktioniert. So werden 0,6 Prozent pro Monat vor der unteren Grenze des gesetzlichen Renteneintrittsalters abgezogen. Wer also frühestmöglich aus dem Erwerbsleben ausscheiden will, verzichtet auf 7,2 Prozent Verzinsung.[210] Abbildung 36 stellt diesen Zusammenhang grafisch dar. Beispielhaft wird die Entwicklung der Verzinsung der Rente ab dem 50 Lebensjahr gezeigt.

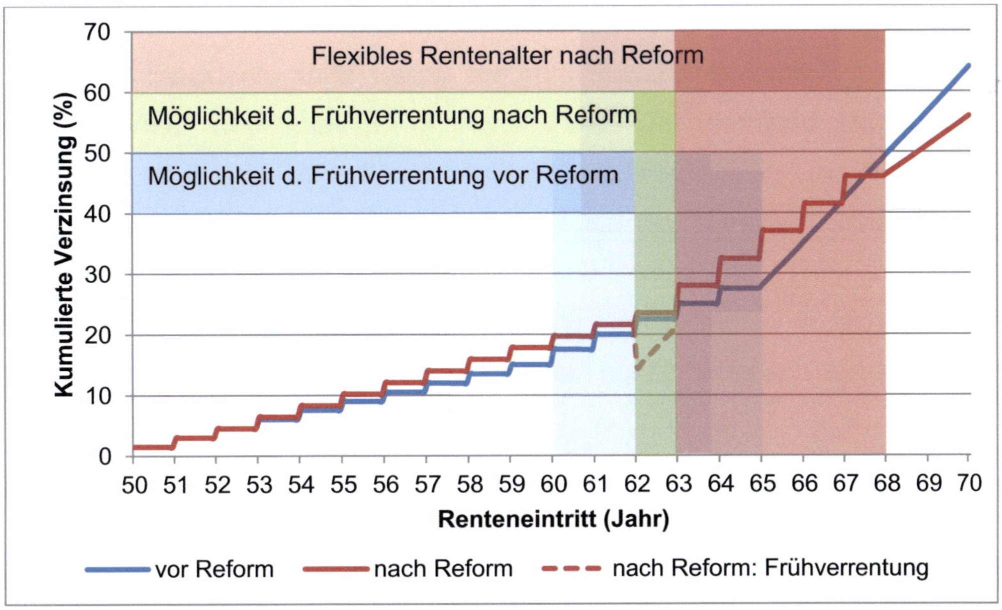

Abbildung 36: Vergleich der Anreize vor und nach der Rentenreform[211]

[210] Vgl. BÖSCH-SUPAN (2005), S. 21 f.
[211] Eigene Berechnungen und Darstellung aus Daten von BÖSCH-SUPAN (2005), S. 21 f.

Man erkennt, dass die Verzinsung nach dem neuen Modell schon ab dem 52. Jahr attraktiver ist, jedoch muss man bedenken, dass vor dem Alter von 63 Jahren kein regulärer Rentenbezug möglich ist. Deutlich ist auch die Anreiz beschränkende Wirkung (rote gestrichelte Linie) einer Frühverrentung mit 62 Jahren wie auch – in entgegengesetzter Richtung – die „Belohnung" einer Weiterarbeit ab Erreichen der Untergrenze des flexiblen Renteneintrittsalters zu erkennen. Nach altem Rentensystem resultierte eine (theoretische) Weiterarbeit über 67 Jahre hinaus sogar in einer höheren Rente. Effektiv war aber nur ein Bruchteil aller Finnen überhaupt bis zu diesem Alter erwerbstätig. Vor der Rentenreform lag der Anteil der Älteren, die mit 67 Jahren noch weiter arbeiten wollten, bei unter 10 Prozent. Dass die Reform die Beschäftigung Älterer erhöht, kann aufgrund von Berechnungen angenommen werden. So erwarten die Statistiker in den nächsten zehn Jahren eine Erhöhung des tatsächlichen Rentenalters um zwei auf 61 Jahre.[212]

Abschlussprogramme

Mit dem Auslaufen vom FNPAW wurden mit Hilfe der neuen Erkenntnisse Anschlussprogramme gestartet. Wieder wurde versucht alle Arbeitsmarktakteure zu beteiligen. Im Jahr 2003 startete das Programm VETO, zur Förderung einer längeren Lebensarbeitszeit. Jüngere sollen eher als bisher mit einer Erwerbstätigkeit beginnen und Ältere länger in ihr verbleiben. Schwerpunkte dieses Programms sind Arbeitsqualität, Gesundheit, Vielfältigkeit im Arbeitsleben und finanzielle Anreize zur längeren Erwerbstätigkeit. KESTO, ein Begleitprogramm zu VETO, legt seinen Fokus auf die Forschung und soll praktische Handlungsansätze liefern. Nicht weniger wichtig ist das dritte Programm NOSTE, welches das lebenslange Lernen von Erwachsenen fördern soll.[213]

---

[212] Vgl. GOULD & LAUKKANEN (2006), S. 148 f.
[213] Vgl. Gould & Laukkanen (2006), S. 143 f.

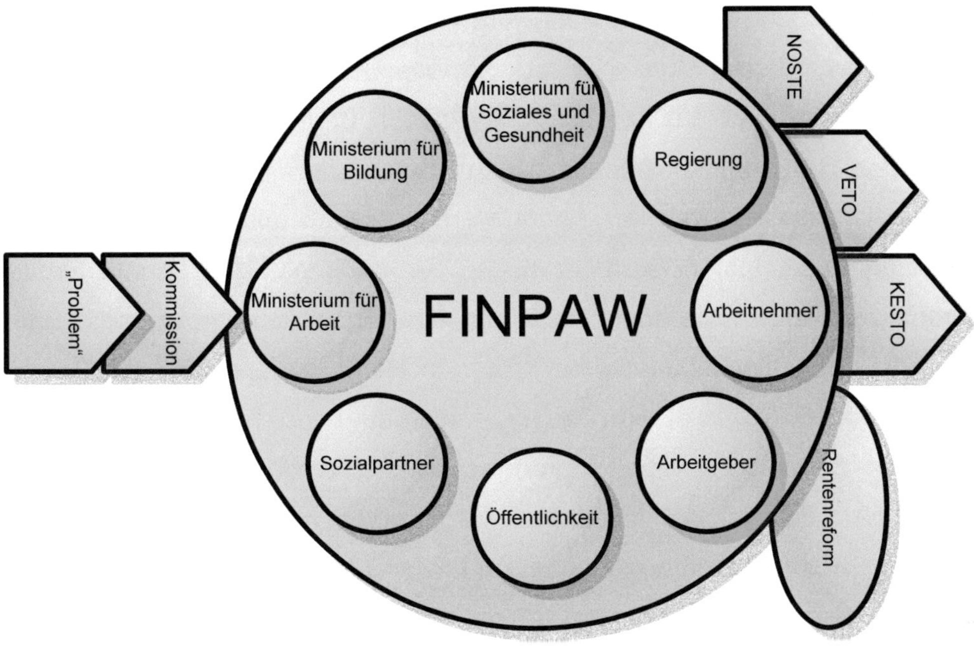

Abbildung 37: Die finnischen Reformen[214]

4.3.6 Zusammenfassung

Finnland hat heute schon gravierende demographische Herausforderungen zu meistern. Bereits um das Jahr 2030 wird das Bevölkerungswachstum negativ sein, und die Verringerung des Erwerbspersonenpotenzials steht unmittelbar bevor. Einen starken Anstieg älterer Personen hat Finnland schon hinter sich. Dieser Anteil an der Gesamtbevölkerung stieg seit den 1990er Jahren um über 50 Prozent, während sich der Anteil der Berufseinsteiger (15-24 Jahre) um ca. ein Drittel verkleinerte. Die bisher größte Wirtschaftskrise Finnlands in den 1990er Jahren machte die prekäre Situation offensichtlich. Während nach deren Bewältigung die Gesamtarbeitslosenquote stetig gesenkt werden konnte, hatten es ältere Arbeitslose, vor allem aufgrund fehlender Qualifikationen, schwer, wieder in Arbeit zu kommen.

Diese Tatsachen veranlassten die Regierung, ein umfassendes Reformprogramm, das „Finnish National Program on Ageing Workers“, zu starten. Ausgehend von den Empfehlungen einer Kommission, wurden 40 Projekte unter Einbeziehung aller relevanten Arbeitsmarktakteure gestartet. Der Fokus lag auf

[214] Eigene Darstellung in Anlehnung an BARTH / HEIMER / PFEIFFER (2006), S. 178.

Information, Bildung und Forschung, um vor allem die Arbeits- und Beschäftigungsfähigkeit älterer Menschen zu verbessern. Es wurde versucht, einen Einstellungswandel in der gesamten finnischen Bevölkerung, aber vor allem auch in den Unternehmen herbeizuführen. Dies kann als gelungen bezeichnet werden. Arbeitsmarktexperten konnten mehrheitlich eine Veränderung der Einstellung gegenüber Älteren feststellen. Makroökonomisch konnte Finnland während des Programms ebenfalls erfolgreiche Entwicklungen verzeichnen. So konnte die Arbeitslosenquote Älterer um die Hälfte gesenkt und die Erwerbsquote um gut 15 Prozentpunkte gesteigert werden. Beide Entwicklungen dauern auch nach Beendigung des Programms an. Sicherlich ist das FINPAW ein Einflussfaktor, der mit für diese positive Entwicklung verantwortlich ist. Der allgemeine Arbeitskräftemangel aufgrund unzureichender Berufseinsteiger kann aber ebenfalls als Grund für eine höhere Erwerbsquote Älterer gesehen werden, denn die Verbesserung der Wiedereinstellungschancen für ältere Arbeitslose durch das Programm konnte von den Arbeitsmarktexperten nicht bestätigt werden.

Mit der Rentenreform 2005 wurden finanzielle Anreize gesetzt, länger im Erwerbsleben zu bleiben. Die Möglichkeit der verfrühten Rente wurde stark reduziert. Ein flexibles Rentenalter wurde eingeführt, welches anreizt, erst am oberen Ende des Zeitfensters (68 Jahre) in den Ruhestand zu wechseln. Um auch weiter die Arbeits- und Beschäftigungsfähigkeit Älterer zu verbessern, laufen Folgeprogramme, die Schwerpunkte auf Gesundheit, Bildung und Förderung einer längeren Erwerbstätigkeit setzen.

4.4 Großbritannien

4.4.1 Die Bevölkerungsentwicklung

Großbritannien sieht sich, wie alle Staaten in der Europäischen Union, ebenfalls mit dem demographischen Wandel konfrontiert. Fallende Geburtenraten und eine steigende Lebenserwartung führen zu einer Veränderung in der Altersstruktur. Aktuell leben rund 59 Millionen Menschen in Großbritannien. Jeder dritte Brite (rund 20 Millionen) ist bereits 50 Jahre und älter. Bevölkerungsprognosen, die vom britischen statistischen Amt bis zum Jahr 2074 durchgeführt wurden, gehen von einem degressiven Anstieg der Bevölkerung aus. So wird in einer mittleren Variante, was die Geburtenrate, Lebenserwartung und Migration betrifft, geschätzt, dass im Jahr 2074 rund 70 Millionen Menschen in Großbritannien leben werden. Das bedeutet einen Anstieg von 11 Millionen. Interessant ist, dass die Altersgruppe der über 50-Jährigen ebenfalls um 11 Millionen steigen wird. Einhergehend damit wird sich der Anteil dieser Altersgruppe auf rund 45 Prozent erhöhen. Grafisch wird dies in Abbildung 38 verdeutlicht.[215]

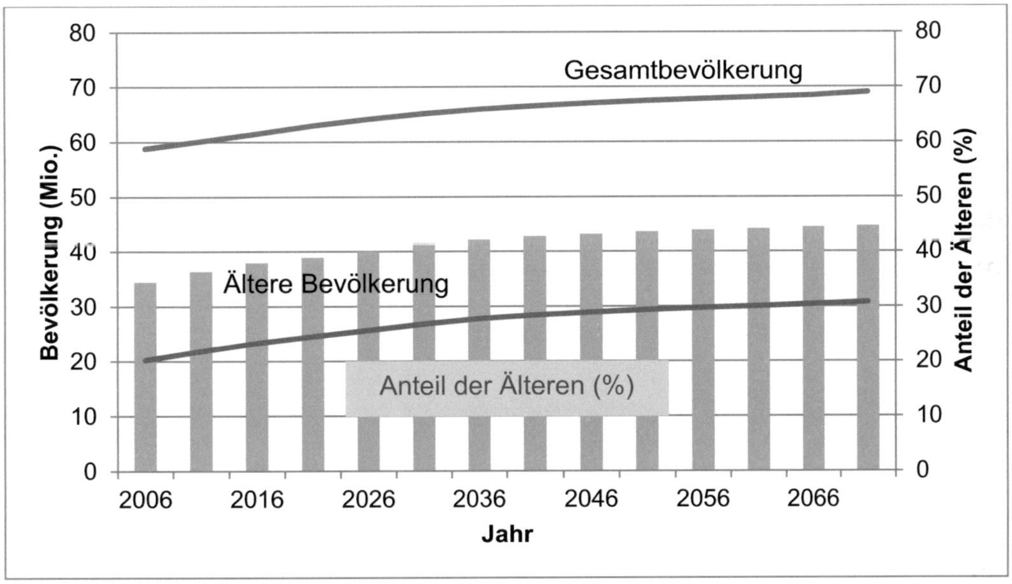

Abbildung 38: Entwicklung der Gesamtbevölkerung und der älteren Bevölkerung[216]

Das Wachstum der Älteren, verbunden mit einer Stagnation der Jüngeren, schlägt sich auch im Erwerbspersonenpotenzial nieder. Dieses wurde für Großbritannien zwischen 20 und 64 Jahren[217] festgelegt. Interessant ist die Entwicklung, die in Abbildung 39 grafisch veranschaulicht wird: In den nächsten 15 bis 20 Jahren wird das EWP um 1,5 Millionen auf 36,5 Millionen wachsen. Ab dem Jahr 2025 wird es sich dann einpendeln und fortan, so die Berechnung der Statistiker, um den Wert 36 Millionen liegen. Bei der älteren Gruppe der

---

[215] Vgl. GOVERNMENT'S ACTUARY DEPARTMENT (2006), S. 66 ff.

[216] Eigene Berechnungen und Darstellung aus Daten von GOVERNMENT'S ACTUARY DEPARTMENT (2006), S. 66 ff.

[217] In Großbritannien liegt das gesetzliche Rentenalter für Männer bei 65 und Frauen aktuell 60 Jahren. Die Grenze für Frauen wird in den Jahren 2010 bis 2020 auch auf 65 Jahre angehoben. Vgl. (The Pension Service, 2006).

Erwerbsfähigen prognostiziert man eine ähnliche Entwicklung. Ausgehend von rund 10,5 Millionen im Jahr 2006, steigt das EWP der Älteren auf rund 12 Millionen im Jahr 2020 und stagniert auf dieser Stufe. Anteilsmäßig steigt die Quote der Älteren somit von 30 auf rund 33 Prozent.[218]

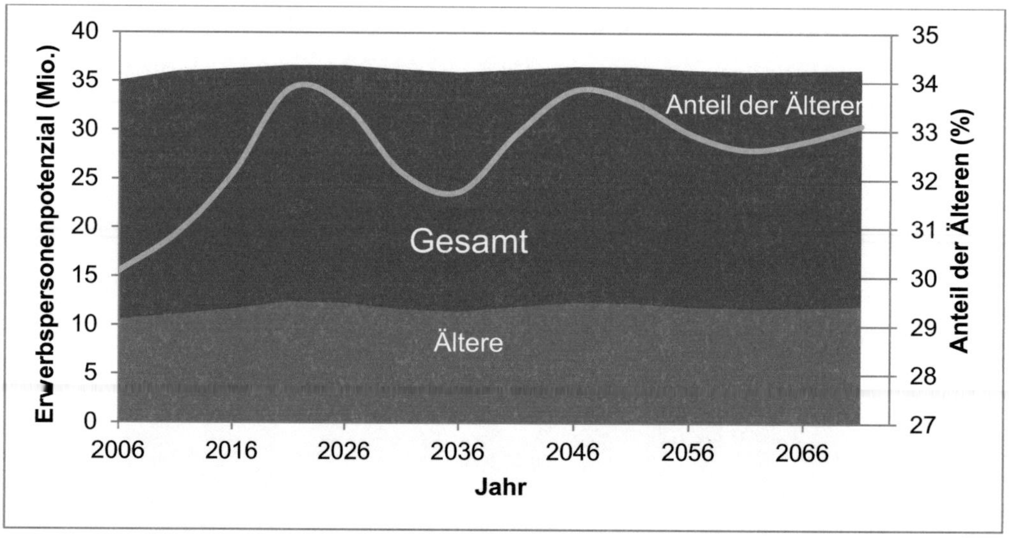

Abbildung 39: Entwicklung des Erwerbspersonenpotenzials: Gesamt und Ältere[219]

4.4.2 Die Prägung der britischen Politik

Will man die aktuelle Entwicklung in Großbritannien bzw. die der letzten 10 bis 15 Jahre, welche mutmaßlich zum jetzigen Stand der Erwerbs- bzw. Arbeitslosenquote beigetragen hat, betrachten, so muss man, wie im Übrigen bei allen modernen Wohlfahrtsstaaten, ein Stück weiter zurück in die Geschichte gehen. Die ersten Gesetze zur Sozialpolitik können in Großbritannien schon in das 16. Jahrhundert zurückdatiert werden. Ein entscheidender staatlicher Eingriff, der auch heute noch die Gesetzgebung in der Sozialpolitik prägt, war die Reform des Armengesetzes von 1834. Mit „Prägung" ist das Prinzip einer Grundsicherung auf minimalem Niveau gemeint. Ziel der Reform war es, nicht-anspruchsberechtigte Personen davon abzuhalten, Leistungen über dieses Gesetz zu beziehen. Man sollte entweder Leistungen erhalten, dann aber in einem „Arbeitshaus", also in einer staatlichen Institution leben, oder nur noch

[218] Vgl. GOVERNMENT'S ACTUARY DEPARTMENT (2006), S. 66 ff.
[219] Eigene Berechnungen und Darstellung aus Daten von GOVERNMENT'S ACTUARY DEPARTMENT (2006), S. 66 ff.

sehr wenig von den ohnehin schon minimalen Leistungen des Armengesetzes erhalten. Es sollte sichergestellt werden, dass nur jene Menschen staatliche Leistungen erhalten, deren Einkommen unter dem eines Arbeiters mit minimalen Lohn liegt. Somit sollte gewährleistet werden, dass nur die Schwächsten der Gesellschaft Leistungen erhalten, dann aber nur auf einem Niveau, bei dem man nach dem Bezug der Leistungen gerade noch als „nicht von Armut betroffen“ bezeichnen werden konnte.[220] Diese Regelungen wurden bis zum Anfang des 20. Jahrhunderts fortgeführt. Im vorherrschenden Liberalismus waren staatliche Eingriffe selten. Erst mit fortschreitender Industrialisierung wurde mit Einzelmaßnahmen gegen die Auswüchse des Kapitalismus, wie z.B. Kinderarbeit oder gesundheitsgefährdende Zustände am Arbeitsplatz, vorgegangen. Weitere wichtige Meilensteine waren die Einführung einer Altersrente um 1908 und eine Art Arbeitslosenversicherung um 1911. Schwachpunkt dieser Regelungen war vor allem, dass nur Arbeiter, also keine Frauen, Kinder oder nichterwerbsfähige Menschen berücksichtigt wurden.[221] Der Wohlfahrtsstaat, nach heutigem Verständnis, wurde vor allem während des Zweiten Weltkrieges von dem Politiker William Beveridge geprägt. Dieser sollte ein soziales System entwickeln, das die heimkehrenden Soldaten berücksichtigt und Verbesserungen am bisherigen System vornimmt. Ziel war ein beitragsorientiertes System für alle Risiken, wie Arbeitslosigkeit, Arbeitsunfähigkeit, Krankheit und Alter, in das Arbeitnehmer, Arbeitgeber und der Staat einzahlen. Unzureichend abgesicherte Personen sollten wie bisher im Armengesetz mit einer Art Sozialhilfe berücksichtigt werden. Idealerweise sollten durch eine immer stärkere Leistungsfähigkeit der Volkswirtschaft und die daraus resultierende Vollbeschäftigung die Ausgaben für diese Gruppe minimiert werden. Zusätzlich sollten auch Mütter, Hinterbliebene etc. berücksichtigt werden.[222] Diese Prinzipien gelten heute noch und sind mit verantwortlich für die Entwicklung der heutigen Politik und somit auch der sozialen Lage Älterer.

Vor allem die Annahme der Vollbeschäftigung, wie sie allen Wohlfahrtssystemen moderner Gesellschaften impliziert ist, hat die Lage Älterer in Großbritannien eher verschlechtert als positive Signale gesetzt. Die Beitragsorientierung,

---

[220] Vgl. SCHARF (2001), S. 50.
[221] Ebenda, S. 50 f.
[222] Vgl. BEVERIDGE (1942), veröffentlicht im Internet (15.8.2006).

also „wer einzahlt, bekommt auch etwas, aber dann nur soviel, wie in der Kasse ist“, in Verbindung mit konjunkturellen Abschwungsphasen nach dem zweiten Weltkrieg und einer daraus resultierenden Freisetzung von Arbeitskräften zeigte die Schwächen des Systems. Ältere bekamen dies in Form einer nicht ausreichenden Rentenversorgung zu spüren. Eine steigende Altersarmut schon ab den 1950er Jahren war die Folge.[223] Man sah die Mängel des Wohlfahrtssystems jedoch erst, als die Wirtschaftskrise der 1970er Jahre diese unweigerlich zum Vorschein brachte. Der Sozialstaat wurde nun öffentlich als zu teuer, zu komplex und zu unkoordiniert kritisiert. „Mit der Wahl von Margaret Thatcher 1979 wurde diese Kritik des Wohlfahrtsstaates offizielle Politik.“[224]

Inwieweit Thatcher's Politik Einfluss auf die heutige Lage der Älteren hat, ist schwer zu sagen. Ihre Politik war bestimmt von neoliberalen Reformen, allerdings ohne den Fokus auf die Beschäftigungsstatistiken zu legen. Sie führte Privatisierungen durch, verringerte staatliche Eingriffe und förderte Investitionen.[225] Sozialpolitisch war die Regierung unter Thatcher jedoch geprägt von Kürzungen von Sozialleistungen und der Förderung der Mittelklasse. Diese Kürzungen wurden durchgeführt, um - so der Sprachgebrauch - eine „Kultur der Abhängigkeit“ abzuschaffen und den Anreiz zu mehr Eigenverantwortung zu fördern – weg von Sozialleistungen, hin zu Arbeit. Erste Instrumente wurden noch von der konservativen Regierung eingesetzt, wie z.B. eine intensivere Beratung von Arbeitslosen.[226] Bekannt ist dieser Sachverhalt unter dem Begriff „Welfare to Work“. Dieser Ansatz bildet den Rahmen für Instrumente zur Wiedereingliederung von Arbeitslosen bzw. Leistungsempfängern jeden Alters in den Arbeitsmarkt. Das alles war Bestandteil des sogenannten Dritten Weges. Es handelt sich um einen Politikansatz, in dem man nicht nur die Wahl zwischen „Sozialstaat und Absicherung für alle“ (wie bei Beveridge) und „totaler Eigenverantwortung“ (wie bei Thatcher) hat. Es sollte eben ein „Dritter Weg“ möglich sein. Nach Ablösung der konservativen Partei im Jahr 1997 und zu Beginn seiner Zeit als Premierminister drückte Tony Blair den Sachverhalt folgendermaßen aus: „The Third Way approach to the challenge of modern

[223] Vgl. TOWNSEND (1962), S. 211 ff.) veröffentlicht im Internet (1.2.2007).
[224] SCHARF (2001), S. 54.
[225] Vgl. BLANCHFLOWER / FREEMAN (1994), S. 56 ff.
[226] Vgl. DER TAGESSPIEGEL (1997), veröffentlicht im Internet (15.8.2006).

employment is about extending welfare to work, making work pay, and investing in the skills individuals need."[227]

4.4.3 Der britische Arbeitsmarkt Älterer

Betrachtet man den britischen Arbeitsmarkt seit Anfang der 1990er Jahre, kann man eine positive Entwicklung erkennen. Die Gesamtarbeitslosenquote fiel von einem Höchststand bei rund 11 Prozent 1993 auf aktuell 5,6 Prozent im Oktober 2006. Auch die Quote der Älteren durchlief eine ähnliche Entwicklung. Sie markierte ebenfalls im Jahr 1993 mit 9,6 Prozent einen Höchststand und fiel, allerdings etwas stärker, auf aktuell 3,1 Prozent.[228] Aus den fast gleichgerichteten Verläufen der absoluten Arbeitslosenquoten in der linken Grafik von Abbildung 40 kann man vermuten, dass der Arbeitsmarkt scheinbar nicht in die Gruppen „Gesamt" und „Ältere" segmentiert ist und Politik und Wirtschaft keine gravierenden Unterschiede zwischen diesen Gruppen machen. Nichtsdestotrotz hat sich die Arbeitsmarktsituation für Ältere seit Mitte der 1990er Jahre positiver entwickelt als die gesamte Arbeitsmarktsituation, wie man im Verlauf der relativen Entwicklungen der Arbeitslosenquoten in der rechten Grafik von Abbildung 40 sieht.

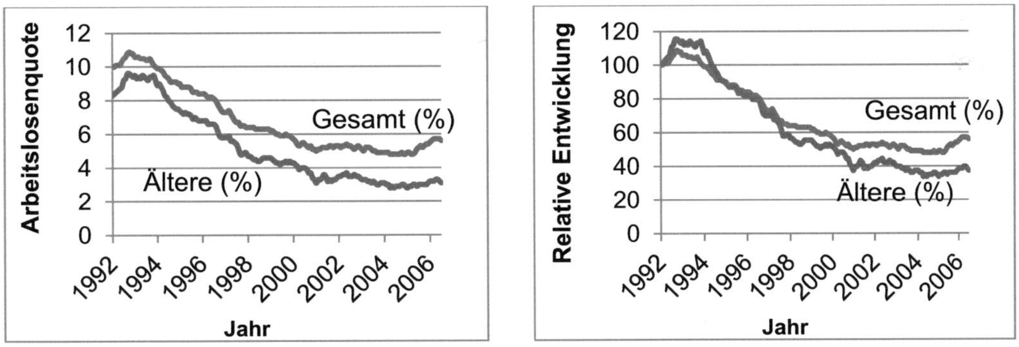

Abbildung 40: Entwicklung der absoluten und relativen Arbeitslosenquoten[229]

Bis Anfang der 1990er Jahre hatte Großbritannien ähnliche Probleme wie die übrigen Staaten der Europäischen Union. Der wirtschaftliche Strukturwandel

[227] SCHMID / SCHROEDER (2001), S. 3.
[228] Vgl. OFFICE FOR NATIONAL STATISTICS (2006b), veröffentlicht im Internet (15.12.2006).
[229] Eigene Darstellung aus Daten von OFFICE FOR NATIONAL STATISTICS (2006b), veröffentlicht im Internet (15.12.2006).

veränderte die Arbeitsnachfrage vom „unskilled" zum „skilled" Arbeitnehmer, was vor allem ältere Männer (vgl. Abbildung 42) zu spüren bekamen. Auch Anreize zum früheren Ausscheiden, die „Job Release Schemes[230]", sowie Diskriminierung wurden beobachtet.[231] Zum Thema Diskriminierung wurde 1993 auch in Großbritannien das sogenannte Eurobarometer „Altern und Ältere" durchgeführt. Diese Studie dokumentierte eine offene Altersdiskriminierung. Wie in Abbildung 41 grafisch abgebildet, stellen sich die Ergebnisse wie folgt dar: Der Frage, ob Ältere im Job Platz für Jüngere machen sollten, stimmte über ein Viertel aller Befragten zu. Ebenfalls rund 25 Prozent lehnten dies leicht und rund 43 Prozent stark ab.[232] Man muss auch davon ausgehen, dass ein Teil der Befragten möglicherweise sozial erwünschte Antworten gab.

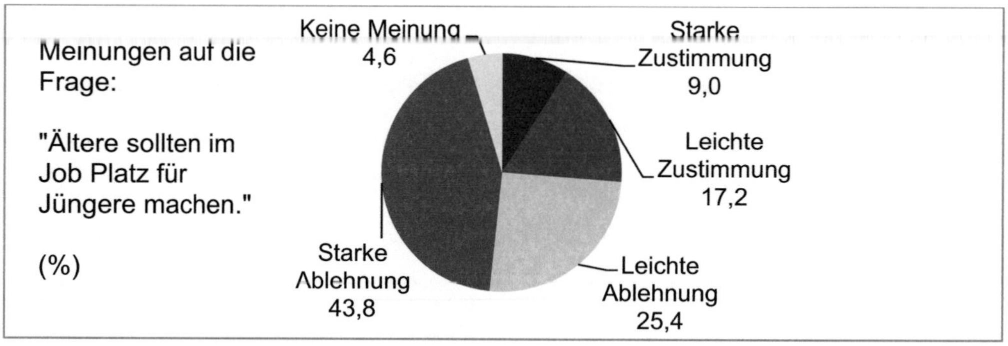

Abbildung 41: Einstellung gegenüber älteren Arbeitnehmern in Großbritannien[233]

Mit neuen Reformen im Rahmen von „Welfare to Work" konnte der sinkenden Erwerbsquote Älterer erfolgreich Einhalt geboten werden. So konnte die Quote der Männer und Frauen, die mit über 50 Jahren noch einer Arbeit nachgehen, seit Mitte der 1990er Jahre um rund 10 Prozentpunkte erhöht werden (vgl. Abbildung 42).

[230] Unter diesem Namen werden in Großbritannien die Möglichkeiten zum Ausscheiden („Release") aus dem „Job" zusammengefasst. Diese wurden in Zeiten hoher Arbeitslosigkeit während der 1970er und 1980er Jahre von der Regierung eingeführt. Ältere sollten aus dem Erwerbsleben ausscheiden, um Platz für Jüngere zu machen. Vgl. MALTBY / OGILIVIE / ADMASACHEV (2006), S. 41 f.

[231] Vgl. CAMPBELL (1999), S. 6 f., veröffentlicht im Internet (16.1.2007).

[232] Vgl. WALKER (1993), S. 25.

[233] Eigene Darstellungen aus Daten von WALKER (1993), S. 25.

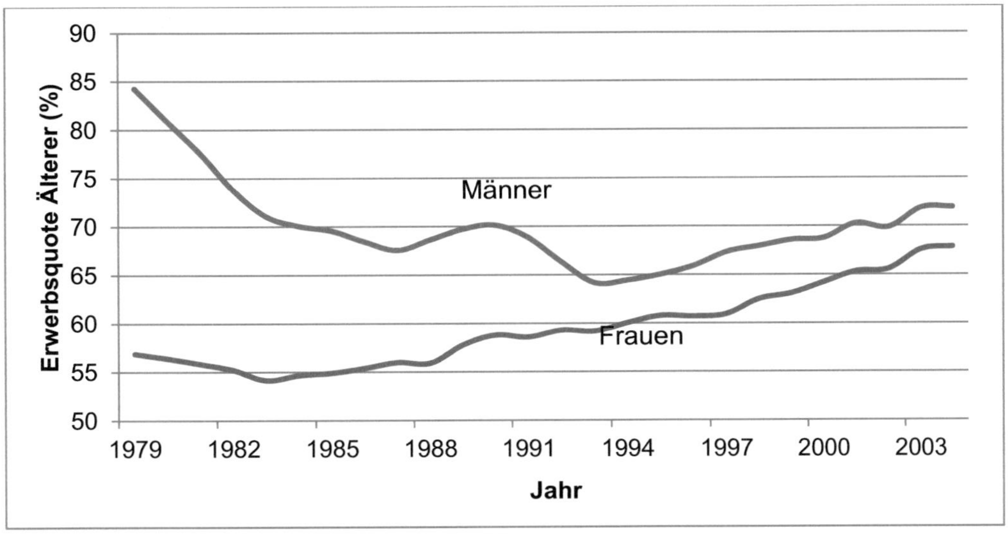

Abbildung 42: Entwicklung der Erwerbsquoten älterer Frauen und Männer[234]

In Abbildung 42 ist auch abzulesen, dass sich vor allem die Quote der Frauen schon seit den 1980er Jahren kontinuierlich verbessert hat. Nach letztem Stand im Jahr 2005 gehen rund 70 Prozent aller Älteren noch einer Beschäftigung nach.[235]

Ein weiterer Grund für diese hohe Erwerbsbeteiligung Älterer ist der große Anteil an Selbstständigen, von denen wenige in die staatlichen Pensionskassen einzahlen und die somit auf ein Einkommen aus Erwerbstätigkeit angewiesen sind.[236] Interessant ist vor allem, dass auch noch nach dem gesetzlichen Rentenalter für Männer und Frauen der Anteil der Selbstständigen in einem verstärkten Maß steigt.[237] Dies kann auf eine unzureichende Alterssicherung durch eine Rente hinweisen, so dass die Menschen gezwungen sind, weiter als Selbstständige zu arbeiten bzw. nach Erreichen des Rentenalters selbstständig zu werden. Abbildung 43 zeigt diesen Sachverhalt. Bemerkenswert ist, dass in der Altersgruppe ab 70 Jahren jeder zweite Mann selbstständig ist.

---

[234] Eigene Darstellung aus Daten von OFFICE FOR NATIONAL STATISTICS (2005a), veröffentlicht im Internet (16.1.2007).

[235] Vgl. OFFICE FOR NATIONAL STATISTICS (2005a), veröffentlicht im Internet (16.1.2007).

[236] Vgl. THE PENSION SERVICE (2005).

[237] Vgl. OFFICE FOR NATIONAL STATISTICS (2005a), veröffentlicht im Internet (16.1.2007).

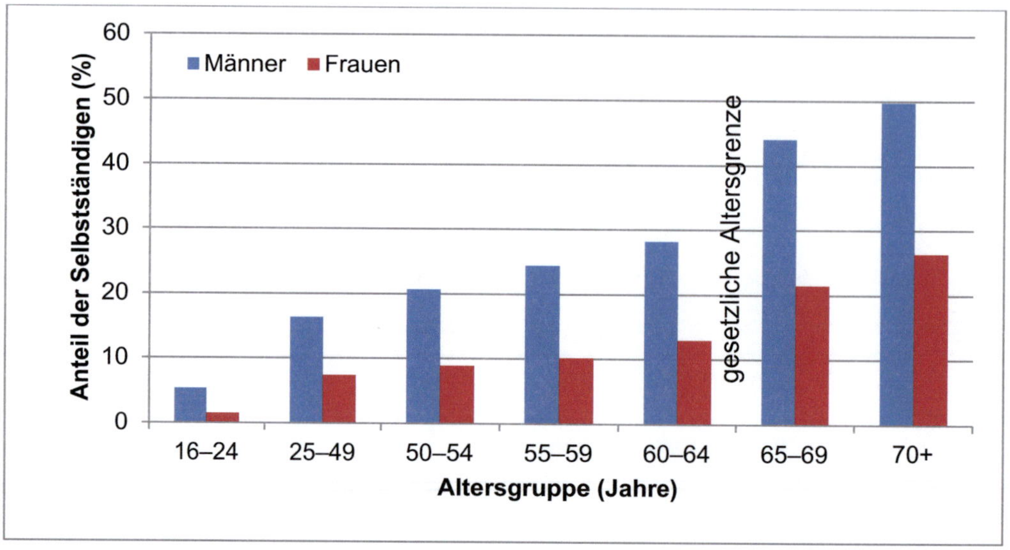

Abbildung 43: Anteil der Selbstständigen nach Altersgruppen[238]

In diesem Zusammenhang sollte auch auf das tatsächliche Renteneintrittsalter hingewiesen werden, das im Jahr 2006 einen historischen Höchststand erreichte. Männer gingen durchschnittlich mit 64,2 Jahren, also nur rund zehn Monate vor dem gesetzlichen Rentenalter von 65 Jahren, in Rente. Frauen traten sogar erst 1,8 Jahre nach dem gesetzlichen Rentenalter, das bis 2010 für Frauen noch 60 Jahre beträgt (vgl. Fußnote 217), in den Ruhestand ein.[239] Dass finanzielle Anreize eine Rolle spielen, konnte auch in einer Forschungsuntersuchung vom Department for Work and Pensions (2003) herausgefunden werden. Auf die Frage, warum die Arbeitnehmer erwarten, länger als gesetzlich vorgesehen, zu arbeiten, antworteten[240] 50 Prozent: „um ihre finanzielle Position zu verbessern". 24 Prozent können es sich gar nicht leisten, eher in Rente zu gehen, und 18 Prozent wollen damit die Rente verbessern.[241]

Der von Campbell (1999) in den 1970er Jahren beschriebene Rückgang der Erwerbsbeteiligung aufgrund eines Arbeitsnachfragewandels hin zu immer höheren Qualifikationen (vgl. in diesem Abschnitt, Seite 92) ist auch heute mehr von Bedeutung denn je. Obwohl das Niveau der Erwerbsquoten durch alle

---

[238] Eigene Berechnungen und Darstellung aus Daten von OFFICE FOR NATIONAL STATISTICS (2005a), veröffentlicht im Internet (16.1.2007).

[239] Vgl. OFFICE FOR NATIONAL STATISTICS (2006c), veröffentlicht im Internet (16.1.2007).

[240] Mehrfachantworten waren möglich, und es wurden auch andere Gründe, wie z.B. „der Job macht Spaß", genannt. Die oben zitierten Antworten wurden an erster, vierter und fünfter Stelle genannt.

[241] Vgl. DEPARTMENT FOR WORK AND PENSIONS (2003), S. 57.

Qualifikationsstufen hoch ist, zeigen sich doch Unterschiede bezüglich der Erwerbsbeteiligung bei unterschiedlichen Ausbildungs- und Qualifikationsniveaus der Stellen.[242] In der linken Grafik von Abbildung 44 erkennt man, dass die Erwerbsquote Älterer mit zunehmender Bildungsstufe steigt. Damit ist auch die rechte Grafik zu erklären. Ausgehend von qualifikationsabhängigen Stellen, fällt die Erwerbsquote von Managertätigkeiten über Spezialistentätigkeiten hin zu einfachen Routinetätigkeiten. Eine Ausnahme bilden die Kleinbetriebe („Small employers"). Dies kann mit einer (noch) nicht so spezialisierten Arbeitsteilung, die mit zunehmender Unternehmensgröße steigt, erklärt werden.

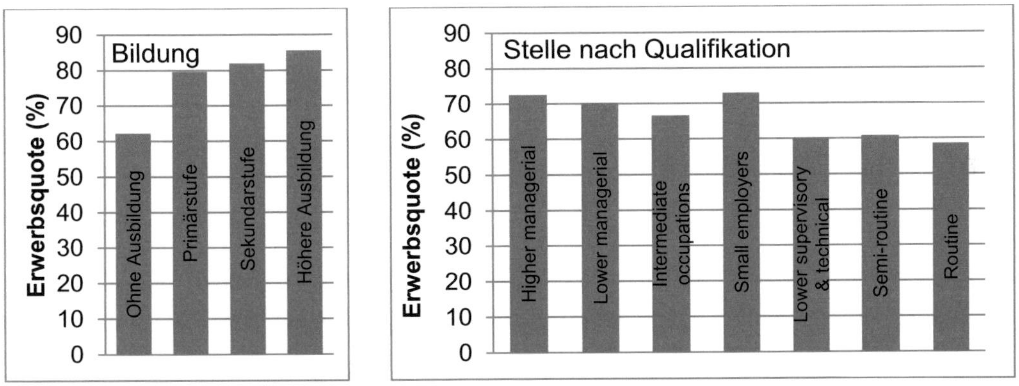

Abbildung 44: Erwerbsquote Älterer nach Bildung und Qualifikation der Stelle[243]

4.4.4 Das britische Rentensystem

In Großbritannien kann man ein dreigeteiltes Rentensystem beobachten. Es gibt wie in Deutschland die Möglichkeit der gesetzlichen („State Pension") und privaten Rentenversicherung („Pension Funds"). Eine dritte wichtige Säule, welche in Großbritannien besonders verbreitet ist, ist die Betriebsrente („Occupational Pension").

Die staatliche Rente wird nochmals unterteilt in die „Basic State Pension" und die „Second State Pension". „Basic State Pension" ist eine Grundrente, die jedem zusteht, der mindestens drei Jahre in die staatliche Rentenversicherung eingezahlt hat. Die „Second State Pension" ist eine einkommensabhängige Zusatzrente, die aber ebenfalls zu den gesetzlichen Pflichtversicherungen zählt.

---

[242] Vgl. Office for National Statistics (2005a), veröffentlicht im Internet (16.1.2007).
[243] Eigene Darstellung in Anlehnung an Office for National Statistics (2005a), veröffentlicht im Internet (16.1.2007).

Die „Basic State Pension“ beträgt aktuell 84,25 Britische Pfund (£) pro Woche[244], welche addiert mit der „Second State Pension“ eine durchschnittliche staatliche Rente von 136 £ pro Woche[245] ergibt.[246] Besonders bezeichnend ist das niedrige Niveau der Rente, so dass damit eine hohe Erwerbstätigkeit Älterer erklärt werden kann. Die durchschnittlichen Ausgaben eines Älteren betragen pro Woche rund 183 £[247] und liegen damit sowohl weit über dem minimalen Rentenniveau der „Basic State Pension“ als auch der gesamten staatlichen Rente.[248] Auf den ersten Blick stellt sich das durchschnittliche Einkommen eines Rentenempfängers als ausreichend dar. Es betrug im Jahr 2004 224 £ pro Woche und setzt sich aus den in Abbildung 45 gezeigten Einkommenskomponenten zusammen: Rund 60 Prozent des durchschnittlichen Einkommens sind staatliche Renten, 23 Prozent Betriebsrenten und rund 2 Prozent Privatrenten. Weitere interessante Beobachtungen sind, dass die Bedeutung der staatlichen Rente abgenommen hat und alle anderen Einkommensarten, bis auf die Kapitalerträge, zugenommen haben. Vergleicht man die Daten von 1994/95 mit denen von heute, so stellt man fest, dass es zwar durchschnittlich 34 Prozent mehr Einkommen gibt, jedoch hat sich der Anteil der staatlichen Rente um rund 2 Prozentpunkte verkleinert.[249]

---

[244] Stand: April 2006.

[245] Zur Information: Das entspricht ungefähr 880 Euro pro Monat. (Umrechnungskurs vom 26. Februar 2007).

[246] Die durchschnittliche staatliche Rente bezieht sich auf den Zeitraum 2005. Vgl. DEPARTMENT FOR WORK AND PENSIONS (2006a), veröffentlicht im Internet (19.12.2006); THE PENSION SERVICE (2006), veröffentlicht im Internet (19.12.2006).

[247] Ausgaben der letzten Erhebung aus den Jahren 2003/04.

[248] Vgl. OFFICE FOR NATIONAL STATISTICS (2005b), veröffentlicht im Internet (19.12.2006).

[249] Vgl. DEPARTMENT FOR WORK AND PENSIONS (2006a), veröffentlicht im Internet (19.12.2006).

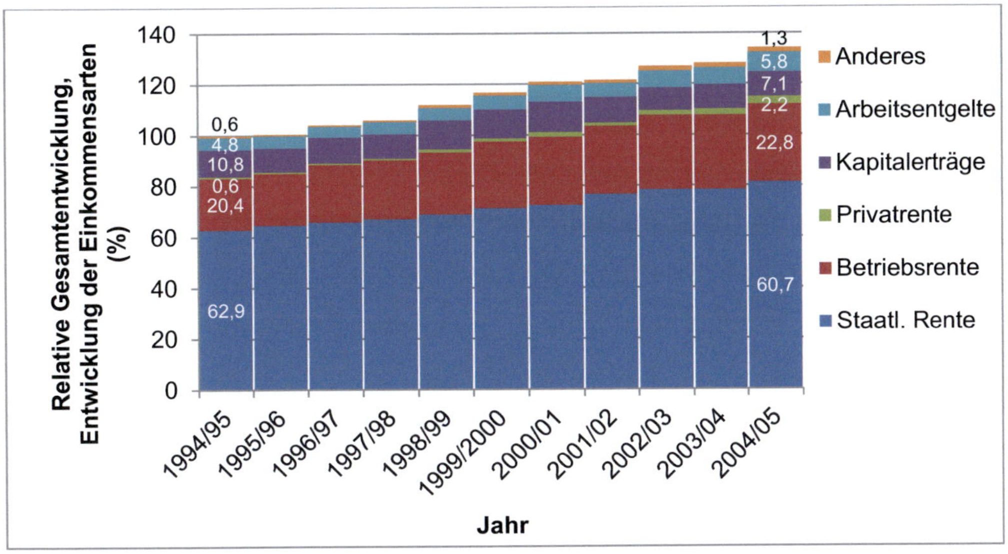

Abbildung 45: Verteilung und Entwicklung des Einkommens Älterer[250]

Betrachtet man nicht mehr die Struktur des durchschnittlichen Einkommens sondern die Verteilung der einzelnen Einkommensarten und bedenkt man dazu noch, dass nicht alle Älteren auch alle Arten von Einkommen, die in Abbildung 45 angegeben werden, beziehen, wird das Problem klarer. Zwar erhalten 98 Prozent die staatliche Rente. Diese sichert ihnen durchschnittlich 136 £ pro Woche. Aber nur noch jeder zweite Ältere bezieht eine Betriebsrente, die ihm dazu durchschnittlich 97 £ einbringt. Einkommen aus Privatrenten können nur noch 6 Prozent der Älteren verbuchen, dann aber immerhin 84 £. Der Anteil der Kapitalerträge liegt bei 68 Prozent, doch tragen diese Erträge nur durchschnittlich 24 £ bei. Der Median[251] hier liegt bei 3 £, woraus man schließen kann, dass diese Einkommen extrem ungleich verteilt sind.[252] Klarer wird das, wenn man bedenkt, dass in diese Gruppe sowohl Dividendenerträge eines Aktienportfolios als auch die Zinsen eines Girokontos zählen. Somit ist der hohe Wert von 68 Prozent wenig aussagekräftig.[253]

Auf den Punkt gebracht, bedeutet das: Fast jeder erhält die staatliche Rente, aber nur jeder zweite eine zusätzliche Rente, wenn man den geringen Anteil

[250] Eigene Berechnungen in Anlehnung an DEPARTMENT FOR WORK AND PENSIONS (2006a), veröffentlicht im Internet (19.12.2006).

[251] Der Median ist der Zentralwert, also hier genau die Grenze zwischen der oberen und unteren Einkommensklasse.

[252] Vgl. DEPARTMENT FOR WORK AND PENSIONS (2006a), veröffentlicht im Internet (19.12.2006).

[253] Bei allen anderen Einkommensarten liegen Median und Durchschnitt nicht so extrem auseinander, so dass dort auf die Angabe des Medians verzichtet wird.

der Privatrenten, Kapitalerträge (aufgrund oben genannter Gründe) und anderer Einkommen außen vor lässt. Wer nicht die Möglichkeit hat, eine private oder betriebliche Rente zu beziehen, bzw. nicht ausreichend vorgesorgt hat[254], dem bleibt kaum etwas anderes übrig als weiterzuarbeiten, wenn er seinen Lebensstandard auch im Alter halten will. Eine Weiterarbeit nach dem regulären Rentenalter wird von der Regierung belohnt. Zum Beispiel würde ein 65-jähriger Mann, der in Großbritannien im Jahr 2005 eine Rente von 105 £ pro Woche bekommen würde, diese je weiteres Arbeitsjahr um 10,92 £ pro Woche erhöhen können. Das heißt, mit 66 Jahren bekommt er wöchentlich ca. 11 £ mehr Rente, ein Jahr später das Doppelte, also ca. 22 £, dann das Dreifache und so weiter. Diese Erhöhung ist bis zu zehn Jahren möglich, und das bedeutet nicht anderes, als dass er ab dem zehnten Jahr, und damit einer Berufstätigkeit bis zum 75. Lebensjahr, seine Rente verdoppelt hätte.[255] Abbildung 46 verdeutlicht die Entwicklung der staatlichen Rente bei Weiterarbeit nach dem regulären Rentenalter.

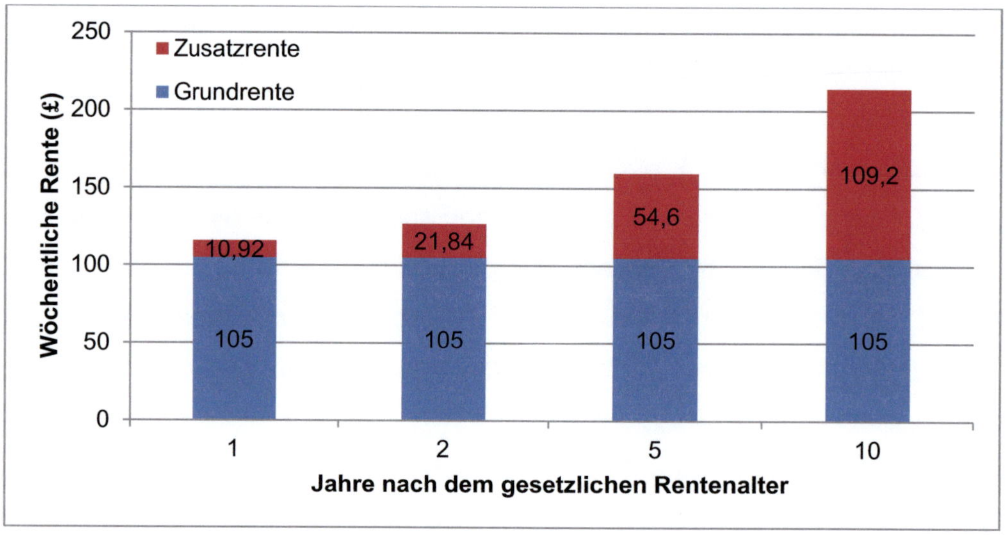

Abbildung 46: Erhöhung der Rente bei Weiterarbeit nach dem gesetzlichen Rentenalter[256]

---

[254] Laut einer Untersuchung des Institute for Fiscal Studies verlassen sich 30 Prozent aller Älteren darauf, nur von der staatlichen Rente leben zu können. Vgl. DEPARTMENT FOR WORK AND PENSIONS (2006f), S. 166.

[255] Vgl. DEPARTMENT FOR WORK AND PENSIONS (2005a), S. 55.

[256] Quelle: DEPARTMENT FOR WORK AND PENSIONS (2005a), S. 55.

4.4.5 Das Regierungsprogramm „New Deal 50 plus"

Im Rahmen der „Welfare to Work"-Strategie (vgl. auch Abschnitt 4.4.2) wurde im April 2000 von der britischen Regierung das Programm „New Deal 50 plus" gestartet. Grundlage war das allgemeine „New Deal"-Programm[257], das ursprünglich ein Programm für junge Leute war und wegen seines erfolgreichen Konzeptes auf immer mehr „Problemgruppen" ausgeweitet wurde.[258] Ursache war eine unzureichende Arbeitsfähigkeit, die den Jugendlichen bescheinigt wurde, und deren zunehmende Degradierung von den Vermittlern und Unternehmen zu sogenannten hoffnungslosen Fällen. Ziel des Programms war, „to get people job-ready, with a personal link to deal with any problems that may arise, and with business involvement in partnerships at local level and through the Task Force at the national level."[259] Eine Prämisse war die Annahme, dass kein Arbeitssuchender freiwillig arbeitslos sein will. Das Konzept sollte Arbeitssuchende nicht durch Zwang und Sanktionen, sondern durch Motivation zurück ins Arbeitsleben bringen. Wer freiwillig an dem Programm teilnimmt, soll somit die bestmögliche persönliche Betreuung und individuell zugeschnittene Maßnahmen erhalten, die seine Arbeitsfähigkeit erhöhen: „Everyone on New Deal gets a personal adviser who is their point of contact throughout the programme. The personal adviser takes the time to understand you - your experiences, interests and goals - so a plan can be prepared to get you into a suitable job."[260] Die Arbeitsvermittlung will also nicht nur eine bürokratische Verwaltungseinheit sein, sondern dem Arbeitssuchenden einen Mehrwert bieten. Ähnlich wie in Deutschland wurde dazu eine Namensänderung der Arbeitsvermittlung von „Job Centre" zu „Job Centre Plus" durchgeführt, um diesen Mehrwert schon im Namen zu postulieren.

Entscheidet sich ein Älterer, an dem „New Deal 50 plus"-Programm teilzunehmen, so wird sozusagen mehrdimensional versucht, seine Beschäftigungschancen zu erhöhen. Er bekommt während der Dauer des Programms für 52 Wochen einen persönlichen Betreuer, der mit ihm zusammen alle nötigen

---

[257] Der Name leitet sich aus einem US-amerikanschen Programm ab, das von Franklin D. Roosevelt nach der „Großen Depression" 1929 gestartet wurde.

[258] Vgl. Her Majesty's Stationery Office (2006), veröffentlicht im Internet (20.12.2007).

[259] Blair (1998), veröffentlicht im Internet (20.12.2007).

[260] Department for Work and Pensions (2006d), veröffentlicht im Internet (20.12.2007).

Schritte unternimmt: Nach dem gemeinsamen Kennenlernen werden der Ist-Zustand (Kenntnisse, Fähigkeiten, etc.) und die Ziele (welche Tätigkeitsvorstellungen hat der Suchende) definiert und in einem „Action Plan“ die nötigen Schritte, die dahin führen sollen, zusammengefasst. Der Betreuer hilft nun, notwendige Weiterbildungen oder auch praktische Erfahrungen, z.B. bei einem Ehrenamt, zu vermitteln. Außerdem sind, wenn der Ältere eine Stelle unterhalb seines Qualifikationsniveaus antritt, zusätzliche finanzielle Anreize möglich.[261] Abbildung 47 soll dieses Konzept verdeutlichen. So waren bis April 2003 maximal 60 £ Zuzahlungen („Employment Credit“) möglich. Danach wurde der „Employment Credit“ in einen „Working Tax Credit“ umgewandelt, was effektiv einer Kürzung entsprach, da die Anspruchsvoraussetzungen verschärft wurden.[262]

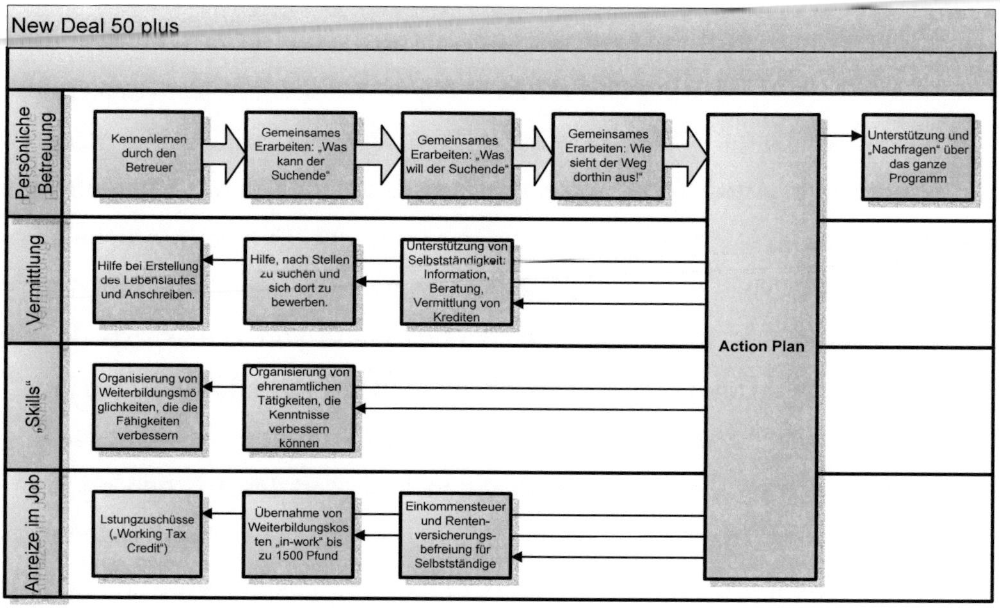

Abbildung 47: Schematische Darstellung des "New Deal 50 plus"[263]

Die Partnerschaft bezieht sich nicht nur auf Betreuer und ältere Arbeitssuchende. Auch Unternehmen beteiligen sich an dem Programm, indem sie Stellenkontingente bereitstellen. Die Teilnahme am Programm ist freiwillig, wird

[261] Vgl. JOBCENTRE PLUS (2006b), veröffentlicht im Internet (20.12.2007); DEPARTMENT OF SOCIAL SECURITY (1999), veröffentlicht im Internet (20.12.2007).
[262] Vgl. HM REVENUE & CUSTOMS (2006a), veröffentlicht im Internet (22.12.2007).
[263] Eigene Darstellung aus Daten von JOBCENTRE PLUS (2006b), veröffentlicht im Internet (20.12.2007) und HM REVENUE & CUSTOMS (2006b), veröffentlicht im Internet (20.12.2007).

allerdings auch finanziell angereizt. So können Arbeitgeber bis zu 75 £ pro Woche als Unterstützungszahlung erhalten. Außerdem erhalten sie bis zu 1.500 £ für weitere Weiterbildungsmaßnahmen.[264] Die Teilnahme der Unternehmen liegt in der Annahme begründet, dass die Älteren hoch motiviert sind und durch ihren individuellen „Action Plan" optimal vorbereitet sind: „People who join New Deal 50 plus are a valuable resource with skills and experience of value to the labour market. As an employer, you can tap into many years of work experience as well as reap the benefits of people who have the maturity and understanding of interpersonal relationships that the work environment needs."[265] Im Gegenzug verpflichten sich die Unternehmen, den älteren Arbeitnehmer zu den üblichen Bedingungen wie jeden anderen im Unternehmen zu beschäftigen. Dazu wird eine Übereinkunft getroffen, die den Arbeitgeber zu Folgendem verpflichtet: „Keep the person on as long as they show the attitude and commitment you need, give them the same preparation and training as anyone else doing the job [and] monitor and record their progress and identify areas for action, as you would with any other employee to help them settle in and make progress."[266] Die Teilnahme kann sich für den strategisch planenden Unternehmer in mehrfacher Hinsicht auszahlen. Sie erhalten im Idealfall erfahrene, hoch motivierte Mitarbeiter sowie finanzielle Anreize. Eine Behandlung der Älteren „wie jeden anderen" sowie Weiterbildungsangebote sollten für solche Unternehmen ohnehin selbstverständlich sein.

Dass das Programm erfolgreich ist, zeigt die Statistik der Vermittlungen. Seit dem Start im April 2000 konnten bis März 2005 über 150.000 Ältere wieder in Arbeit gebracht werden.[267] Durchschnittlich 11 Prozent aller älteren Arbeitslosen wurden in diesem Zeitraum durch „New Deal 50 plus" vermittelt. Abbildung 48 zeigt die Entwicklung der Vermittlung seit dem Start des Programmes bis März 2005. Man erkennt, dass während des Betrachtungszeitraumes von 2000 bis 2006 ein leichter Rückgang der älteren Arbeitslosen von rund 250.000 auf rund 220.000 zu verzeichnen ist. Vermittelt wurden zu Beginn rund 30.000, später rund 20.000 ältere Arbeitslose.

---

[264] Vgl. JOBCENTRE PLUS (2006a), veröffentlicht im Internet (20.12.2007).
[265] EBENDA.
[266] Vgl. JOBCENTRE PLUS (2006a), veröffentlicht im Internet (20.12.2007).
[267] Vgl. DEPARTMENT FOR WORK AND PENSIONS (2006e), S. 143.

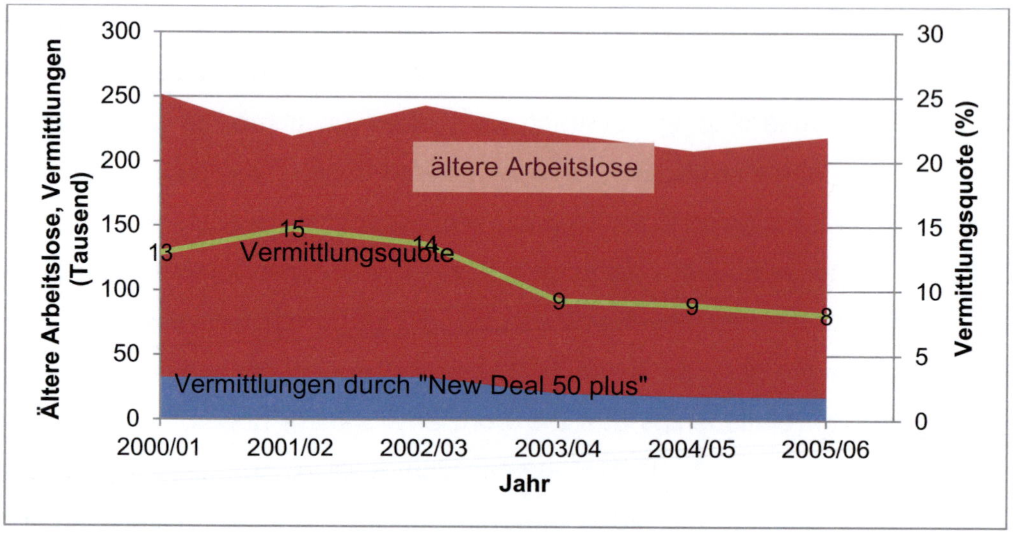

Abbildung 48: Entwicklung der Vermittlung durch "New Deal 50 plus"[268]

Dass die finanziellen Anreize für Arbeitnehmer besonders wichtig sind, kann man am stärkeren Rückgang der Teilnehmerzahl ab 2003/04 sehen: Mit der im April 2003 durchgeführten Umwandlung des „Employment Credit", der als Geldleistung zugezahlt wurde, in den „Working Tax Credit", der erstens mit verschärften Anspruchsbedingungen und zweitens neben Geldleistungen auch in Sachleistungen erbracht werden konnte (z.B. Essenmarken), kann man den Rückgang der Teilnehmer des freiwilligen Programms erklären.[269]

4.4.6 Förderung von Weiterbildung

Die Bedeutung der Weiterbildung für die Beschäftigungsfähigkeit wurde auch von der britischen Regierung erkannt. Besonders im Zusammenhang mit dem demographischen Wandel stellte sie 2005 fest: „It will not be possible to depend on the inflow of young people to meet skill need. We must regularly upskill and reskill our older workers. Failure to do that will weaken our industrial base, reduce productivity and competitiveness."[270] Wie Abbildung 49 zeigt, sah die Praxis, einer Untersuchung des Bildungsministeriums im Jahr 2003 zufolge,

---

[268] Eigene Berechnungen und Darstellung aus Daten von DEPARTMENT FOR WORK AND PENSIONS (2006b), veröffentlicht im Internet (21.12.2006) und OFFICE FOR NATIONAL STATISTICS (2006a), veröffentlicht im Internet (20.12.2006).
[269] Vgl. HM REVENUE & CUSTOMS (2006c), veröffentlicht im Internet (15.12.2006).
[270] HM GOVERNMENT (2005), S. 1.

anders aus: Die Weiterbildungsaktivitäten im Betrieb lagen allgemein auf einem niedrigen Niveau und nahmen mit zunehmenden Alter ab. Nur rund 10 Prozent aller Älteren erhielten betriebliche Weiterbildungsmaßnahmen.[271]

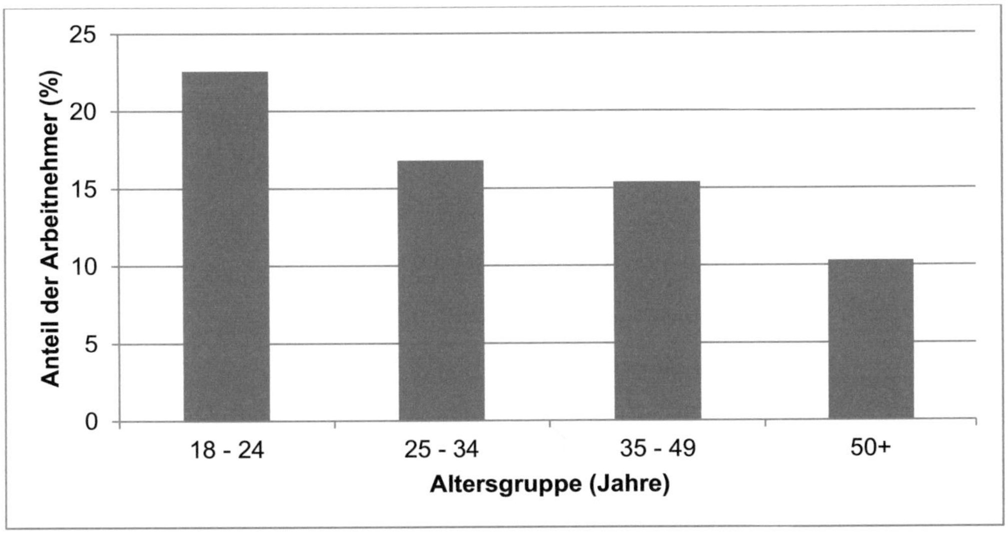

Abbildung 49: Anteil britischer Arbeitnehmer nach Altersgruppen, die betriebliche Weiterbildungen erhalten[272]

Verglichen mit anderen europäischen Ländern, hatte Großbritannien beim Thema „Weiterbildung" einen hohen Nachholbedarf in allen Altersgruppen. Deshalb wurde dieses Problem auch umfassend angegangen, und es gab keine Berücksichtigung von einzelnen Arbeitnehmergruppen. So wurde 2003 von der Regierung die „Skills Strategy" formuliert, deren Ziel es war, „to ensure that employers have the right skills to support the success of their businesses, and individuals have the skills they need to be both employable and personally fulfilled".[273] Um dieses Ziel umzusetzen, sollten die Quantität und die Qualität der Weiterbildung erhöht, und ein einfacher Zugang zu Weiterbildungsmöglichkeiten geschaffen werden. Aus diesem Grund wurde das „Learning and Skills Counsil" (LSC), eine Art staatliche Bildungsagentur, gegründet, die erster Ansprechpartner in Sachen Bildung und Weiterbildung explizit für „14 bis 19-

---

[271] Vgl. DEPARTMENT FOR EDUCATION AND SKILLS (2006), veröffentlicht im Internet (22.12.2006).
[272] Eigene Darstellungen nach Daten von DEPARTMENT FOR EDUCATION AND SKILLS (2006), veröffentlicht im Internet (22.12.2006).
[273] DEPARTMENT FOR EDUCATION AND SKILLS (2003), S. 11, veröffentlicht im Internet (22.12.2006).

Jährige", „erwachsene Lernende" und „Arbeitgeber" sein soll.[274] Hat ein Arbeitgeber Bildungsbedarf in seinem Unternehmen, so kann er zusammen mit dem „Skills Broker" des LSC den genauen Bedarf bestimmen, das Training festlegen, daraus ein maßgeschneidertes Paket schnüren, Fördermöglichkeiten finden und Erfolgsmessungen durchführen.[275]

4.4.7 Abbau von Diskriminierung und Förderung der Akzeptanz Älterer

Am 1. Oktober 2006 traten in Großbritannien „The Employment Equality (Age) Regulations 2006" (Age Regulations) in Kraft. Hervorgegangen war dieses Gesetz aus der EU-Direktive 2000/78/EC, die bis Ende 2006 alle EU-Mitgliedsstaaten verpflichtete, Diskriminierung u.a. aufgrund von Alter per Gesetz auszuschließen.[276]

Davor hatte die britische Regierung schon im Jahr 1999 einen „Code of Practice on Age Diversity in Employment" (COP), der auf freiwilliger Basis von den Unternehmen angewandt werden sollte, erlassen. Sie sollten bei allen personalwirtschaftlichen Entscheidungen das Kriterium „Alter" unberücksichtigt lassen. So sollten z.B. Rekrutierung, Auswahlen oder Beförderungen nur aufgrund der Kenntnisse oder Fähigkeiten erfolgen. Auch bei Weiterbildungs-, Freistellungs- oder Pensionierungsentscheidungen sollte das Alter keine Rolle spielen.[277] Der COP verfehlte seine Wirkung: Wenige Unternehmen änderten ihre Personalpolitik oder überprüften ihre Verhaltensweise gegenüber älteren Arbeitnehmern. Das Department for Work and Pensions fand in einer Studie zum COP im Jahr 2001 heraus, dass nur ein sehr geringer Anteil der Unternehmen, denen der COP bekannt war, planten, ihre Personalpolitik nach den Richtlinien anzupassen.[278] Seit Oktober 2006 müssen die Unternehmen nun die Antidiskriminierungsregeln der Age Regulations umsetzen – Alles andere wäre ungesetzlich. Diese Regulierungen sind denen des COPs von 1999 grundsätz-

---

[274] Vgl. LEARNING AND SKILLS COUNSIL (2006a), veröffentlicht im Internet (22.12.2006).
[275] Vgl. LEARNING AND SKILLS COUNSIL (2006b), veröffentlicht im Internet (22.12.2006).
[276] Vgl. EUROPÄISCHE KOMMISSION (2000), veröffentlicht im Internet (23.12.2006).
[277] Vgl. DEPARTMENT FOR WORK AND PENSIONS (2002), S. 3, veröffentlicht im Internet (23.12.2006).
[278] Vgl. DEPARTMENT FOR WORK AND PENSIONS (2001), S. 13, veröffentlicht im Internet (23.12.2006).

lich ähnlich. Das Alter darf bei Einstellungs-, Beförderungs-, Freistellungs- und Pensionierungsentscheidungen kein Kriterium sein. Die vorzeitige Pensionierung eines älteren Arbeitnehmers durch das Unternehmen ist vor Erreichen des 65. Lebensjahres ausgeschlossen, und der Arbeitgeber muss, sollte der Arbeitnehmer auch noch nach dem Rentenalter im Betrieb arbeiten wollen, dieses wohlwollend berücksichtigen. Explizit wurde auch die Gleichbehandlung bei Weiterbildungsmöglichkeiten unabhängig vom Alter festgeschrieben.[279]

Im Bewusstsein, dass diese Regelungen Ende 2006 in Kraft treten würden, wurde schon zwei Jahre zuvor, im November 2004, die „Age Positive"-Kampagne von der Regierung gestartet. Die Arbeitgeber sollen darauf vorbereitet werden „...to make decisions about recruitment, training and retention that do not discriminate against someone because of their age". Umfassende Instrumente, wie Publikationen, Studien, Medienarbeit, Veranstaltungen und Preisverleihungen, wurden genutzt, „...to help employers comply with legislation to outlaw age discrimination in employment".[280] So wurden z.B. im Rahmen der „Be Ready Campaign" im Jahr 2005 Newsletter an alle 1,4 Millionen britischen Arbeitgeber verschickt, in denen auf die legislativen Änderungen hingewiesen und klare Lösungsmöglichkeiten beschrieben wurden, um Altersdiskriminierung aus dem Unternehmen zu verbannen.[281] Damit sollte gewährleistet werden, dass erstens annähernd alle Arbeitgeber über die legislativen Änderungen informiert werden, und dass sie sich zweitens mit dem Thema „Ältere im Betrieb" auseinander setzen sowie Handlungsansätze vorfinden, um den neuen Herausforderungen richtig zu begegnen.

4.4.8 Die Sichtweise der Arbeitgeber

Die neuen Herausforderungen, die der demographische Wandel für die Arbeitswelt mit sich bringt, sind den Arbeitgebern nicht erst seit den Informationskampagnen der Regierung bewusst. Schon im Jahr 1996 gründeten 18 von „UK's top employers" das „Employers Forum on Age" (EFA) als ein Netzwerk von Unternehmen, die den Wert Älterer erkannten und die Vorteile einer

---

[279] Vgl. THE EMPLOYMENT EQUALITY (AGE) REGULATIONS (2006), Part 2, veröffentlicht im Internet (23.12.2006).

[280] DEPARTMENT FOR WORK AND PENSIONS (2006c), veröffentlicht im Internet (23.12.2006).

[281] Vgl. DEPARTMENT FOR WORK AND PENSIONS (2005b), S. 46.

Arbeitnehmerschaft unterschiedlichen Alters herausstellen wollten; Altersdiskriminierung am Arbeitsplatz sollte der Vergangenheit angehören.[282] Nach eigenen Aussagen engagieren sich die Unternehmen aus vier Beweggründen im EFA: „a) demographic change; b) social justice arguments; c) the business case and d) the forthcoming legislation".[283] Immerhin 250 Unternehmen, die über vier Millionen Menschen beschäftigen, haben sich bis heute dem EFA angeschlossen und sich somit verpflichtet eine altersgerechte Personalpolitik zu betreiben. Durch eigene Kampagnen, Weiterbildungsangebote, Informationsschriften und nicht zuletzt auch durch Lobbyismus[284] versucht man, eine positive Alterspolitik in den Unternehmen Großbritanniens zu fördern. So unterstützte das EFA die „Age Positive Campaign" und wirkte auch als beratendes Gremium bei den Age Regulations mit.[285]

4.4.9 Zusammenfassung

Auch in Großbritannien vollzieht sich ein demographischer Wandel. Heute ist dort schon jeder Dritte über 50 Jahre alt, und die Statistiker gehen in Zukunft von einem stetigen Wachstum dieser Altersgruppe aus. Der Anteil der älteren Erwerbstätigen liegt mit 30 Prozent bereits auf einem hohen Niveau. Er wird aber in den nächsten 20 Jahren lediglich um ca. 3-4 Prozentpunkte wachsen und sich dann auf einem Niveau von rund 33 Prozent bewegen.

Großbritannien hat mit rund 4 Prozent eine der niedrigsten Arbeitslosenquoten Älterer in der Europäischen Union. Die positive Entwicklung der Arbeitslosenquote ist nicht zuletzt das Ergebnis der staatlichen Reformpolitik, aber auch des britischen Wirtschaftssystems, das seit seiner Entstehung auf liberalen Grundzügen beruht und ein Wohlfahrtssystem beinhaltet, das aufgrund von niedrigen Sozialleistungen freiwillige Arbeitslosigkeit nicht unterstützt. Auch die Erwerbsbeteiligung Älterer konnte seit Ende der 1970er Jahre merklich erhöht werden. Großbritannien verzeichnet einen steigenden Anteil Selbstständiger, vor allem

---

[282] Vgl. THE EMPLOYERS FORUM ON AGE (2006), veröffentlicht im Internet (23.12.2006).
[283] MERCER, 2006, S. 49.
[284] Lobbyismus ist die gezielte Einflussnahme auf politische Entscheidungsträger, um eine, den eigenen Interessen wohlwollende Politik bzw. Gesetzgebung durchzusetzen. Vgl. BIBLIOGRAPHISCHES INSTITUT / F. A. BROCKHAUS AG (1993).
[285] Vgl. MERCER, 2006, S. 49 ff.

nach dem gesetzlichen Rentenalter, und das tatsächliche Renteneintrittsalter ist ebenfalls vergleichsweise hoch.

Als Grund ist die minimale Grundrente zu nennen, die, wenn man keine zusätzliche Betriebs- oder Privatrente bezieht, die Lebenshaltung im Rentenalter sehr erschwert. Dies und die Möglichkeit einer signifikanten Erhöhung der Grundrente bei Weiterarbeit nach dem gesetzlichen Rentenalter, sind relativ hohe Anreize, auch nach Erreichen des gesetzlichen Rentenalters von 65 Jahren, weiter einer Erwerbstätigkeit nachzugehen.

Um ältere Arbeitslose wieder in Arbeit zu bringen hat die Regierung das Programm „New Deal 50 plus“ gestartet. Über 150.000 Ältere fanden dadurch im Zeitraum 2000 bis 2006 wieder eine Arbeitsstelle. Zusammen mit einem persönlichen Betreuer wird ein „Action-Plan“ entworfen, in dem der Weg zum Ziel – einer neuen Arbeitsstelle – und alle nötigen Schritte dahin, wie Weiterbildungen, Praktika, Bewerbungen, etc., festgelegt werden. Der Arbeitnehmer wird, wie auch die teilnehmenden Unternehmen, finanziell unterstützt und somit zusätzlich angereizt.

Die Weiterbildungsintensität liegt in Großbritannien allgemein auf einem sehr niedrigen Niveau und ist speziell bei den Älteren am niedrigsten. Die Regierung reagierte darauf mit der Einrichtung eines „Learning and Skills Counsil“. Diese Institution kümmert sich um alle Fragen der Weiterbildung. Vor allem Arbeitgeber können dort Rat und Unterstützung bei Weiterbildungsbedarf im Unternehmen finden.

Um Ältere auch per Gesetz zu fördern, traten am 1. Oktober 2006 „The Employment Equality (Age) Regulations 2006“ in Kraft. In diesem Gesetz, das aus der EU-Antidiskriminierungsdirektive hervorging, wird jegliche Benachteiligung bei Personal- und explizit auch bei Weiterbildungsentscheidungen aufgrund des Alters untersagt. Ebenfalls ist eine vorzeitige Pensionierung aufgrund von Unternehmensregelungen nicht mehr möglich. Stattdessen muss sogar, wenn gewünscht, eine Weiterarbeit des Arbeitnehmers wohlwollend berücksichtigt werden. Diese Gesetzgebung wird auch durch die Arbeitgeber unterstützt: Das „Employment Forum on Age“, ein Zusammenschluss von über 250 britischen Unternehmen, fördert die Altersregulierungen und versucht eine positive Personalpolitik gegenüber älteren Mitarbeitern umzusetzen.

4.5 Ein abschließender Vergleich

Wie gezeigt werden konnte, sehen sich alle drei betrachteten Länder mit den Herausforderungen des demographischen Wandels konfrontiert. Durch die globale und vor allem europaweite wirtschaftliche Vernetzung haben alle drei Länder ähnliche Entwicklungen auf dem Arbeitsmarkt vorzuweisen. Hohe Arbeitslosigkeit veranlasste die Regierungen ab den 1970er Jahren, unter anderem verstärkt Ältere zum frühen Ausscheiden aus dem Erwerbsleben anzureizen, um Jüngeren Platz zu machen. Unternehmen nutzten diese Regelungen ebenfalls, um sich von vermeintlich „teuren und weniger leistungsfähigen Älteren" zu trennen. In Deutschland sind hier das Altersteilzeitgesetz und die „58er-Regelung" zu nennen. In Großbritannien, obwohl dort durch minimale staatliche Sozial- und Rentenleistungen per se schon ein geringer Anreiz zur Aufgabe der Erwerbstätigkeit bestand, kamen „Job-Release-Schemes" und in Finnland Berufsunfähigkeitsrenten. Sinkende Erwerbsquoten Älterer waren die Folge.

Prognosen über die zukünftige Bevölkerungsentwicklung und eine Fokussierung auf das Problem des demographischen Wandels auf dem Arbeitsmarkt in Europa, die mit ihrer Lissabonstrategie unter anderem einen Schwerpunkt auf die Beschäftigung Älterer legte, veranlassten die Regierungen zu Reformen seit den 1990er Jahren. Alle drei versuchten die Determinanten Arbeitsfähigkeit und Beschäftigungsfähigkeit Älterer positiv zu beeinflussen. Im Speziellen wurde versucht, Anreize für Arbeitgeber und Arbeitnehmer zu schaffen, um die Erwerbsfähigkeit im Alter und das sogenannte lebenslange Lernen zu fördern sowie die Arbeitsqualität zu verbessern. Vor allem die zwei erstgenannten Punkte wurden anfangs von der Politik besonders berücksichtigt. Alle drei Länder reagierten mit Änderungen in den Rentenregelungen um Anreize für Arbeitnehmer zu setzen. So wurde und wird überall das Rentenalter erhöht, aber nur Großbritannien und Finnland reagierten auch mit finanziellen Anreizen, mit denen eine Weiterarbeit über das Erreichen des gesetzlichen Rentenalters hinaus belohnt wird. In diesen Ländern kann man durch längere Erwerbstätigkeit sein Einkommen gegenüber denen, die früher in Rente gehen, überpropor-

tional erhöhen. In Deutschland ist dies nicht der Fall, da die Rentenformel eine Erwerbstätigkeit über das gesetzliche Rentenalter hinaus nicht explizit belohnt.
Gesetzliche Regelungen, die speziell Ältere betreffen, finden sich in allen drei analysierten Ländern wieder. So wurden Antidiskriminierungsregelungen erlassen, auch und vor allem, weil die Europäische Union dieses in einer Direktive zur Gleichbehandlung am Arbeitsplatz bis Ende des Jahres 2006 vorgeschrieben hatte. Eine Diskriminierung im Beruf aufgrund des Alters ist – zumindest per Gesetz – jetzt in allen drei Ländern ausgeschlossen. Bei weiteren Gesetzen gingen die Länder verschiedene Wege. Während Großbritannien im Rahmen seiner „Welfare to Work“-Strategie und Finnland im Rahmen des FINPAW konsequent Anreize zu Gunsten einer Erwerbstätigkeit für ältere Arbeitnehmer und Arbeitslose schufen, behandelte Deutschland das Thema inkonsequent. Ältere Arbeitnehmer wurden durch die ständige Verlängerung der Regelungen des Altersteilzeitgesetzes nicht angereizt, überhaupt bis zum Erreichen des gesetzlichen Rentenalters zu arbeiten. Auch Arbeitslose werden nach wie vor durch die „58er-Regelung“ eher ermutigt in Rente zu gehen, als sich intensiver um eine neue Stelle zu bemühen. Entgegengesetzt zu dieser Strategie stehen z.B. die Regelungen der Hartz-Gesetze, die aufgrund finanzieller Sanktionen zur Arbeitsaufnahme anregen.
Beim Anreiz der Arbeitgeber verfolgte man ebenfalls unterschiedliche Vorgehensweisen. Deutschland und Großbritannien wollten Unternehmen durch monetäre Unterstützungen anregen, Ältere einzustellen; Finnland dagegen versuchte gegenüber Arbeitgebern durch überzeugende Argumente die Vorteilhaftigkeit einer Beschäftigung Älterer zu untermauern.
Diese beschriebenen „zwei Wege“ finden sich auch bei der Förderung der Weiterbildung wieder. In Deutschland erhalten vor allem kleine Betriebe finanzielle Unterstützung, wenn sie Ältere weiterbilden. Großbritannien unterstützt im Rahmen des „New Deal 50plus“-Programms Betriebe, die ältere Arbeitslose eingestellt haben, bei anschließenden Weiterbildungsmaßnahmen ebenfalls finanziell. Außerdem etablierte man dort mit dem „Learning and Skills Counsil“ eine Bildungsagentur, in der sich Unternehmen ausführlich zum Thema „Weiterbildung im Betrieb“ beraten und unterstützen lassen können. Weiterbildung in Finnland betraf vor allem „Entscheider im Unternehmen“ als Multiplikatoren, und

es wurde Wert darauf gelegt, Know-how im „Weiterbildungsmanagement“ zu vermitteln. Aufklärung und Öffentlichkeitsarbeit waren allen drei Ländern wichtig. Vor allem zum Abbau von Vorurteilen wurden unter anderem mit der Einführung der „Antidiskriminierungsdirektive“ der Europäischen Union Kampagnen gestartet, um das Bild des älteren Mitarbeiters in der Öffentlichkeit und in den Unternehmen aufzuwerten. Deutschland und Finnland hatten die gesamte Öffentlichkeit im Fokus, Großbritannien speziell die Arbeitgeber. Besonders in Finnland konnten aufgrund der permanenten Präsenz des Themas „Ältere“ während der Laufzeit des FINPAW große Fortschritte gemacht werden.
Einzig und allein im Bereich „Gesundheit am Arbeitsplatz“ sind Deutschland und Großbritannien, verglichen mit Finnland, noch am Anfang. In dem skandinavischen Land legte man im FINPAW einen Schwerpunkt auf die Gesundheitsforschung sowie die Kommunikation der Forschungsergebnisse und konnte somit einen Einstellungswandel bei Arbeitgebern und Arbeitnehmern herbeiführen. In Deutschland und Großbritannien steht eine ähnliche Initiative noch aus.
Betrachtet man zum Schluss noch das Engagement, ältere Arbeitslose wieder in den Arbeitsmarkt zu integrieren, hat Finnland eher das Nachsehen. Es gab keine besonderen Initiativen in dieser Richtung. Man kann annehmen, dass ältere Arbeitslose dort nicht als unmittelbares Problem aufgefasst werden, da erstens die Arbeitslosenquote Älterer niedriger als die Gesamtarbeitslosenquote ist, und zweitens Unternehmen durch die Änderung der Altersstruktur im Arbeitsmarkt bei Einstellungsentscheidungen nicht nach dem Alter segmentieren. Deutschland reagierte mit finanziellen Anreizen, wie Entgeltsicherung und Beitragsbonus, sowie durch das Bundesprogramm „Perspektive 50plus“. Großbritannien setzte mit dem Programm „New Deal 50plus“ erfolgreich auf umfassende Betreuung bei der Arbeitsvermittlung.
Zusammenfassend kann man feststellen, dass Finnland mit seinem Konzept der Aufklärung die größten Erfolge verzeichnen konnte und die Erwerbsquote Älterer deutlich erhöhte. Dort wurden allerdings die Auswirkungen des demographischen Wandels bereits frühzeitiger sichtbar, und Staat und Unternehmen mussten sich deshalb auch intensiver und eher mit dem Thema „ältere Arbeitnehmer“ beschäftigen.

Ob die hohe Erwerbsbeteiligung Älterer in Großbritannien durch die aktuelle Beschäftigungspolitik zu erklären ist, lässt sich nicht eindeutig sagen. Das niedrige Rentenniveau, verbunden mit geringer staatlicher Absicherung, kann eine wesentliche Determinante darstellen. Die Vermittlung von über 150.000 älteren Arbeitslosen seit beginn des „New Deal 50 plus" im Jahr 2000 bis heute kann, trotz geringerer Anreize, als Erfolg betrachtet werden.
Im Vergleich mit den beiden anderen Ländern schneidet Deutschland diesbezüglich am schlechtesten ab. Ein Grund ist sicherlich die inkonsistente Gesetzgebung, die immer noch genug Anreize setzt, vorzeitig aus dem Erwerbsleben auszuscheiden. Auch steht Deutschland am Anfang des Weges, was Programme und Initiativen angeht, somit hat es aber die Möglichkeit, von den eigenen Erfahrungen sowie der der beiden anderen Ländern zu profitieren.
Zum Abschluss sollen aus den dargelegten Erkenntnissen noch Handlungsempfehlungen für die Ausrichtung der zukünftigen Beschäftigungspolitik für Ältere in Deutschland abgeleitet werden.

5 Fazit und Handlungsempfehlungen für Deutschland

Vergleicht man die Ergebnisse der Beschäftigungspolitik für Ältere in Deutschland mit denen der Vergleichsländer Großbritannien und Finnland, so besteht offensichtlich noch großer Handlungsbedarf.

Wie gezeigt werden konnte, hat sich Deutschland vorrangig auf die Vermittlung älterer Arbeitsloser konzentriert. Der ältere Arbeitnehmer an sich findet in der Beschäftigungspolitik noch keine ausreichende positive Berücksichtigung. Das Gegenteil ist eher der Fall: Noch werden Unternehmen finanziell angereizt, sich frühzeitig von Älteren zu trennen. Eine solche Praxis ist der Erhöhung der Wertschätzung älterer Arbeitnehmer nicht förderlich. Somit kann auch erklärt werden, warum Ältere, wenn sie arbeitslos werden, mit großen Schwierigkeiten wieder in Arbeit kommen: Viele Unternehmen haben noch nicht verstanden, dass ältere Arbeitnehmer eben nicht unbedingt weniger, sondern anders leistungsfähig sind und dass vor allem angesichts des demographischen Wandels in Zukunft nicht auf dieses Potenzial verzichtet werden kann. In Deutschland werden mit älteren Arbeitnehmern vor allem hohe Kosten assoziiert. Eine Einstellung älterer Arbeitsloser wird daher in der Regel nur unter der Bedingung einer monetären Kompensation durch den Staat von den Unternehmen akzeptiert. Zudem wird durch diese Einstellung und Politik die Geringschätzung älterer Arbeitnehmer sowohl in der Fremd- als auch Eigenwahrnehmung gefördert. Solange mit Maßnahmen wie der „58-er Regel" offensichtlich das Signal von der Politik gesetzt wird, dass Ältere auf dem Arbeitsmarkt nicht gebraucht werden, kann die Motivation Älterer, ihre Arbeitsfähigkeit zu erhalten, schwerlich erhöht werden. Sie werden, wie die Unternehmen, Weiterbildung bzw. persönliche Investitionen in Humankapital als überflüssig ansehen, wenn diese dann keine Verwendungen mehr finden.

Die Förderung des Bewusstseins, dass Ältere eine wertvolle Ressource auf dem Arbeitsmarkt sind, muss die Grundlage jeglicher Politik sein. Wenn es gelingt, allen Teilen der Gesellschaft zu kommunizieren, wie wichtig Ältere heute schon sind und welche Bedeutung sie in der Zukunft haben werden, dann wird sich ein Wertewandel auch auf dem Arbeitsmarkt vollziehen. Dies kann mit einer intensiveren Kommunikation und der Erhöhung der Präsenz des Themas

„Ältere Arbeitnehmer" in der Öffentlichkeit angegangen werden. Aber wie schon Goethe sagte: „Es ist nicht genug, zu wissen, man muß auch anwenden; es ist nicht genug, zu wollen, man muß auch tun." Ein weiterer Schritt muss eine konsistente Politik gegenüber Unternehmen sowie älteren Arbeitnehmern und Arbeitslosen sein.

5.1 Empfehlungen für die Beschäftigungspolitik für Unternehmen

Das Auslaufen der geförderten Altersteilzeit sollte im Jahr 2009 tatsächlich erfolgen und nicht, wie es bereits mehrfach der Fall war, wieder verlängert werden. Die frei werdenden finanziellen Ressourcen könnten genutzt werden, um Unternehmen eben nicht anzureizen, sich von Älteren zu trennen, sondern grundsätzlich deren Arbeits- und Beschäftigungsfähigkeit zu erhalten. Finanzielle Förderung von Gesundheits- und Weiterbildungsmaßnahmen sind die Alternative. Bezüglich letzt genanntem Thema müssen die Förderungskriterien überdacht werden. Aufgrund des hohen Anteils Älterer in kleineren Unternehmen, kommt die derzeitige Weiterbildungsförderung für kleine Unternehmen nicht an. Vor allem die Bedingung der Freistellung der Mitarbeiter sollte abgeschafft werden, da sie aufgrund der hohen Opportunitätskosten ein extrem großes Hemmnis ist. Hier könnten geförderte Weiterbildung am Arbeitsplatz oder eine „Weiterbildungsteilzeit" (statt Altersteilzeit) interessante Alternativen sein.

5.2 Empfehlungen für die Arbeitnehmerpolitik

Um ältere Arbeitnehmer anzureizen, länger einer Erwerbstätigkeit nachzugehen, können finanzielle Anreize, vor allem durch das Rentensystem, genutzt werden. Deutschland hat dies aktuell mit der stufenweisen Erhöhung des gesetzlichen Renteneintrittsalters von 65 auf 67 Jahre umgesetzt. Hier liegt der spezielle Anreiz auf einer quasi doppelten Rentenkürzung: Erstens verkürzt sich die Rentenbezugsdauer (zwei Jahre längere Arbeitszeit und demzufolge zwei Jahre kürzerer Rentenbezug) und zweitens wird die Rentenhöhe aufgrund versicherungsmathematischer Gründe bei vorzeitigem Renteneintritt niedriger als heute ausfallen. Weiterarbeit wird also keinesfalls belohnt, sondern lediglich nicht bestraft. Es sollte darüber nachgedacht werden, eine längere Erwerbstätigkeit mit einer überproportionalen Erhöhung der Rente zu belohnen. Das wäre für ältere Arbeitnehmer Anreiz genug, über eine Verlängerte Erwerbstätigkeit nachzudenken.

5.3 Empfehlungen für die Politik für ältere Arbeitslose

Werden ältere Arbeitnehmer arbeitslos, stehen ihre Chancen wieder eine Arbeitsstelle zu bekommen, derzeit schlechter als für Jüngere. Ältere werden bei der Arbeitsvermittlung zu Gunsten der Jüngeren vernachlässigt, da bei letzteren ex ante schon eine bessere Vermittelbarkeit vorausgesetzt wird. Das Setzen des Anreizes, ab 50 Jahren in den Ruhestand zu wechseln, ist nach wie vor offizielle Politik. Diese Regel nach SGB III § 428 sollte auslaufen. Genauer betrachtet hat sie hauptsächlich zwei Wirkungen: Zum einen wird die Arbeitslosenstatistik positiv beeinflusst, indem die Älteren herausgerechnet werden können, und liefert somit kein reales Bild von der Lage am Arbeitsmarkt. Zum anderen wird dadurch die Meinung in der Gesellschaft geprägt, dass Ältere nicht mehr auf dem Arbeitsmarkt gebraucht werden.

Die Politik sollte ältere Arbeitslose unterstützen, ihre Beschäftigungsfähigkeit zu verbessern, statt sie aufgrund dieses vermeintlichen Defizits – der unzureichenden Beschäftigungsfähigkeit – abzuschreiben. Denkbar wären Instrumente wie im „Action Plan“ nach dem britischen „New Deal 50 plus“-Vorbild. Die Evaluationsergebnisse und die „Best-Practises“ des Programms „Perspektive 50 plus“, mit dem zur Zeit versucht wird, innovative Lösungsmöglichkeiten für eine bessere Vermittlung älterer Arbeitsloser zu finden, sollten genutzt werden, um Vermittlungsprogramme speziell für Ältere zu entwickeln. Ältere müssen wieder Zielgruppe der Arbeitsvermittlung werden, und aufgrund der nach wie vor hohen Quote sollte man eigene Vermittlungs- bzw. Betreuungsinstitutionen speziell für ältere Arbeitnehmer einrichten, um mit den Spezialisierungsvorteilen bessere Ergebnisse zu erzielen.

Quellenverzeichnis

ALLMENDINGER, J. / EBNER, C. (2006). Rückgrat der Beriebe oder altes Eisen? - Strategien zur Kompetenzförderung älterer Beschäftigter. In KONZENTRIERTE AKTION WEITERBILDUNG E.V., *Weiterbildung - (k)eine Frage des Alters? Demografische Entwicklung und Lebenslanges Lernen* (S. 36-47). Bonn: Konzentrierte Aktion Weiterbildung e.V.

ARNKIL, R. / NIEMINEN, J. (2000). *National Programme for Ageing Workers Presentation and Assessment of the Policy by an Independent Expert as a Basis for the Review by Peer Countries.* Abgerufen am 26. Dezmeber 2006 von http://pdf.mutual-learning-employment.net/pdf/ind-exp-paper-fin-oct00-e.pdf.

BARTH, H. J. / HEIMER, A. / PFEIFFER, I. (2006). Von Vorbildern lernen - "Best practice"-Strategien und Initiativen aus zehn Ländern. In BERTELSMANN STIFTUNG, *Älter werden - aktiv bleiben. Beschäftigung in Wirtschaft und Gesellschaft. Carl Bertelsmann Preis 2006.* (S. 153-180). Gütersloh: Verlag Bertelsmann Stiftung.

BECKER, G. S. (1993). *Human Capital: a theoretical and empirical analysis, with special reference to education* (3rd ed.). Chicago: The University of Chicago Press.

BELLMANN, L. / KISTLER, E. / WAHSE, J. (2003). Betriebliche Sicht- und Verhaltensweisen gegenüber älteren Arbeitnehmern. In *Aus Politik und Zeitgeschichte* (S. 26-34). Bonn: Bundeszentrale für politische Bildung.

BERTELSMANN STIFTUNG (2003). *Demografischer Wandel aus Sicht der Bundesbürger.* Abgerufen am 13. Januar 2007 von http://www.aktion2050.de/cps/rde/xbcr/aktion/forsa.pdf.

BEVERIDGE, W. H. (1942). *Social insurance and Allied Services.* Abgerufen am 15. August 2006 von http://www.fordham.edu/halsall/mod/1942beveridge.html.

BIBLIOGRAPHISCHES INSTITUT & F. A. BROCKHAUS AG (1993). *Meyers Lexikon Politik und Gesellschaft.* Mannheim: Bibliographisches Institut.

BLAIR, T. (1998). *Prime Minister's speeces - 1998 - Launch of the New Deal advertising campaign - 11 February.* Abgerufen am 20. Dezember 2006 von http://www.number10.gov.uk/output/Page1157.asp.

BLANCHFLOWER, D. G. / FREEMAN, R. B. (1994). Did the Thatcher Reforms Change British Labour Market Performance. In BARRELL, R., *The UK Labour Market. Comparative Aspects and Institutional Developments* (S. 56-68). Cambridge: Cambridge University Press.

BOSCH, G. (2004). Altersdiskrimminierung - Wer beschäftigt schon ältere Arbeitnehmer? *WDR Dok5 - Das Feature.* Abgerufen am 27. Februar 2007 von http://www.wdr5.de/sendungen/feature/manuskript/altersdiskriminierung.pdf.

BÖSCH-SUPAN, A. (2005). *The 2005 Pension Reform in Finland.* Eläketurvakeskus: Finish Centre for Pensions.

BUND-LÄNDER-KOMMISSION FÜR BILDUNGSPLANUNG UND FORSCHUNGSFÖRDERUNG (2004). *Strategie für Lebenslanges Lernen in der Bundesrepublik Deutschland.* Abgerufen am 17. August 2006 von http://www.bmbf.de/pub/strategie_lebenslanges_lernen_blk_heft115.pdf.

BUNDESAGENTUR FÜR ARBEIT (2004). *Arbeitsmarkt 2003 - Amtliche Nachrichten der Bundesagentur für Arbeit.* Abgerufen am 10. Januar 2007 von http://www.pub.arbeitsamt.de/hst/services/statistik/000100/html/jahr/arbeitsmarkt_2003_gesamt.pdf.

BUNDESAGENTUR FÜR ARBEIT (2006a). *Jahresberichte.* Abgerufen am 10. Januar 2007 von http://www.pub.arbeitsamt.de/hst/services/statistik/000100/html/jahr/index.shtml.

BUNDESAGENTUR FÜR ARBEIT (2006b). *Arbeitsmarkt 2005 - Amtliche Nachrichten der Bundesagentur für Arbeit.* Abgerufen am 10. Januar 2007 von http://www.pub.arbeitsamt.de/hst/services/statistik/000100/html/jahr/arbeitsmarkt_2005_gesamt.pdf.

BUNDESAGENTUR FÜR ARBEIT (2006c). *Faltblatt: Sonderprogramm Wegebau - Chancen für Ältere und Geringqualifizierte.* Nürnberg: Bundesagentur für Arbeit.

BUNDESAGENTUR FÜR ARBEIT (2007). *Der Arbeits- und Ausbildungmarkt in Deutschland - Monatsbericht: Dezember und Jahr 2006.* Abgerufen am 10. Januar 2007 von http://www.pub.arbeitsamt.de/hst/services/statistik/000000/html/start/monat/aktuell.pdf.

BUNDESAGENTUR FÜR ARBEIT (verschiedene Jahrgänge). *Arbeitsmarkt* Abgerufen am 10. Januar 2007 von Jahresberichte: http://www.pub.arbeitsamt.de/hst/services/statistik/000100/html/jahr/index.shtml

BUNDESANSTALT FÜR ARBEIT (2001). *Arbeitsmarkt 2000 - Amtliche Nachrichten der Bundesanstalt für Arbeit.* Abgerufen am 10. Januar 2007 von http://www.pub.arbeitsamt.de/hst/services/statistik/000100/html/jahr/arbeitsmarkt_2000_gesamt.pdf.

BUNDESMINISTERIUM DES INNERN (2006). *Deutschland beteiligt sich mit einer registergestützten Zählung an der kommenden Volkszählungsrunde der EU 2010/2011.* Abgerufen am 5. Januar 2007 von http://www.bmi.bund.de/cln_012/nn_122688/Internet/Content/Nachrichten/Pressemitteilungen/2006/08/Volkszaehlungsrunde.html.

BUNDESMINISTERIUM FÜR ARBEIT UND SOZIALES (2005). *Pressemitteilung - Bundesprogramm "Perspektive 50plus" hilft Regionen, Impulse für mehr Beschäftigung älterer Menschen zu setzen.* Abgerufen am 13. Januar 2007 von: http://www.bmas.bund.de/BMAS/Navigation/presse,did=82364.html.

BUNDESMINISTERIUM FÜR ARBEIT UND SOZIALES (2006a). *Initiative 50plus: Eckpunkte zur Erhöhung der Beschäftigungsfähigkeit und der Beschäftigungschancen älterer Menschen.* Abgerufen am 13. Januar 2007 von http://www.erfahrung-ist-zukunft.de/Webs/EiZ/Content/DE/Artikel/Anlagen/hintergrundpapier_20Initiative 50plus,property=publicationFile.pdf.

BUNDESMINISTERIUM FÜR ARBEIT UND SOZIALES (2006b). *Regierung stellt Weichen bei Alterssicherung und mehr Beschäftigung für Ältere.* Abgerufen am 4. Januar 2007 von http://www.bmas.bund.de/BMAS/Navigation/Arbeitsmarkt/Foerderung/aeltere,did=174060.html.

BUNDESMINISTERIUM FÜR ARBEIT UND SOZIALES (2007a). *BMAS - Nachrichten - Bundesprogramm "Perspektive 50plus": Über 10.000 ältere Langzeitarbeitslose in Beschäftigung vermittelt.* Abgerufen am 26. Februar 2007 von http://www.bmas.bund.de/BMAS/Navigation/Presse/nachrichten,did=186352.html.

BUNDESMINISTERIUM FÜR ARBEIT UND SOZIALES (2007b). *Generationene Arbeit - Pressemappe.* Abgerufen am 13. Januar 2007 von http://www.generationenarbeit.de/show/1002283/Pressemappe.pdf.

BUNDESMINISTERIUM FÜR ARBEIT UND SOZIALES (2007c). *Perspektive 50 plus (Beschäftigungspakte in den Regionen) - Aktuelles - Veranstaltungen.* Abgerufen am 26. Februar 2007 von http://www.perspektive50plus.de/content/e132/e135/index_ger.html.

BUNDESMINISTERIUM FÜR ARBEIT UND SOZIALES (2007d). *BMAS - Geschichte.* Abgerufen am 8. Januar 2007 von http://www.bmas.bund.de/BMAS/Navigation/Rente/Gesetzliche-Sicherung/geschichte.html.

BUNDESMINISTERIUM FÜR WIRTSCHAFT UND TECHNOLOGIE (2007). *BMWi - Wirtschaftspolitik von 1949 bis heute.* Abgerufen am 7. Januar 2007 von http://www.bmwi.de/BMWi/Navigation/Ministerium/Geschichte/wirtschaftspolitik-seit-1949.html.

BUNDESREGIERUNG (2004). *Bundesrat billigt Arbeitsmarktreform.* Abgerufen am 9. Januar 2007 von http://archiv.bundesregierung.de/bpaexport/artikel/21/676821/multi.htm.

BUNDESREGIERUNG (2007). *Die Initiative "Erfahrung ist Zukunft" im Jahr 2007: Hintergrundinformationen.* Abgerufen am 13. Januar 2007 von http://www.erfahrung-ist-zukunft.de/Webs/EiZ/Content/DE/StatischeSeiten/Anlagen/kampagnenuebersicht,property=publicationFile.pdf.

BUNDESVEREINIGUNG DER DEUTSCHEN ARBEITGEBERVERBÄNDE (2003). *Ältere Mitarbeiter im Betrieb - Ein Leitfaden für Unternehmer* (2. Ausg.). Berlin: Bundesvereinigung der Deutschen Arbeitgeberverbände.

CAMPBELL, N. (1999). *The Decline of Employment Among Older People in Britain.* Abgerufen am 16. Januar 2007 von http://sticerd.lse.ac.uk/dps/case/cp/Paper19.pdf.

DEPARTMENT FOR EDUCATION AND SKILLS (2003). *21st Century Skill, Realising Our Potential.* Abgerufen am 22. Dezember 2006 von http://www.dfes.gov.uk/ skillsstrategy/uploads/documents/21st%20Century%20Skills.pdf.

DEPARTMENT FOR EDUCATION AND SKILLS (2006). *Employees receiving job-related training: by sex and age, 2003.* Abgerufen am 22. Dezember 2006 von http://www.statistics.gov.uk/STATBASE/Expodata/Spreadsheets/D7313.xls.

DEPARTMENT FOR WORK AND PENSIONS (2001). *Evaluation of the Code of Practice on Age Diversity in Employment.* Abgerufen am 23. Dezember 2006 von http://www.dwp.gov.uk/asd/asd5/rports2005-2006/agepos14.pdf.

DEPARTMENT FOR WORK AND PENSIONS (2002). *Being positive about age diversity at work - A practical guide for business.* Abgerufen am 23. Dezember 2006 von http://www.bolton.gov.uk/pls/portal92/docs/7921.PDF.

DEPARTMENT FOR WORK AND PENSIONS (2003). *Factors affecting the labour market participation of older workers.* Leeds: Corporate Document Services.

DEPARTMENT FOR WORK AND PENSIONS (2005a). Chapter Five - Preparing for retirement. In *Department for Work and Pensions Five Year Strategy.* Norwich: TSO.

DEPARTMENT FOR WORK AND PENSIONS (2005b). *Opportunity for all: seventh annual repport 2005.* London: The Stationery Office.

DEPARTMENT FOR WORK AND PENSIONS (2006a). *DWP - Recource centre - Statistics & Research - Statistics - Benefits statistics A to Z - Pensioners' Incomes Series.* Abgerufen am 19. Dezember 2006 von http://www.dwp.gov.uk/asd/asd6/PI_0405_tables.xls.

DEPARTMENT FOR WORK AND PENSIONS (2006b). *DWP Tabulation Tool - New Deal 50plus.* Abgerufen am 21. Dezember 2006 von http://193.115.152.21/new_deals/nd50plus/live/tabtool.html.

DEPARTMENT FOR WORK AND PENSIONS (2006c). *Age Positive - tackling age discrimination and promoting age diversity in employment.* Abgerufen am 23. Dezember 2006 von http://www.agepositive.gov.uk.

DEPARTMENT FOR WORK AND PENSIONS (2006d). *Jobcentre Plus - New Deal.* Abgerufen am 20. Dezember 2006 von http://www.jobcentreplus.gov.uk/JCP/Customers/New_Deal/index.html.

DEPARTMENT FOR WORK AND PENSIONS (2006e). *Security in retirement: towards a new pensions system.* London: The Stationery Office.

DEPARTMENT FOR WORK AND PENSIONS (2006f). *Security in retirement: towards a new pensions system.* London: The Stationery Office.

DEPARTMENT OF SOCIAL SECURITY (1999). *General information about New Deal 50 Plus and how it affects HB/CTB.* Abgerufen am 20. Dezember 2006 von http://www.dwp.gov.uk/hbctb/circulars/1999/a42-99.pdf.

DER TAGESSPIEGEL (1997). *"Kultur der Abhängigkeit" Briten und Deutsche diskutieren die Zukunft des Sozialstaates.* Vom 19. November 1997. Abgerufen am 15. August 2006 von http://www2.hu-berlin.de/gbz/archive/pressarchive/press11_97.htm.

DEUTSCHE RENTENVERSICHERUNG (2006). *Rentenversicherung in Zeitreihen - Chronik.* Abgerufen am 8. Januar 2007 von http://www.deutsche-rentenversicherung.de/nn_23924/SharedDocs/de/Inhalt/04__Formulare__Publikationen/03__publikationen/Statistiken/Broschueren/rv__in__zeitreihen__2006__chronik,property=publicationFile.doc/rv_in_zeitreihen_2006_chronik.

DEUTSCHER BUNDESTAG (2002). Lebensqualität, Risiken und Potenziale des hohen Alters. In *Vierter Bericht zur Lage der älteren Generation in der Bundesrepublik Deutschland: Risiken, Lebensqualität und Versorgung Hochaltriger - unter Berücksichtigung demenzieller Erkrankungen und Stellungnahme der Bundesregierung.* Berlin.

DEUTSCHES INSTITUT FÜR WIRTSCHAFTSFORSCHUNG (2003). *Wochenbericht des DIW Berlin Nr. 1-2/2003.* Abgerufen am 15. August 2006 von http://www.diw.de/deutsch/produkte/publikationen/wochenberichte/docs/03-01.pdf.

DEUTSCHES ZENTRUM FÜR ALTERSFRAGEN (2005). *Kapital 2.9: Ewerbsbeteiligung und der Übergang in den Ruhestand.* Abgerufen am 5. Januar 2007 von http://www.dza.de/download/Erwerb.pdf

EISENMENGER, M. / PÖTZSCH, O. / SOMMER, B. (2006). *11. koordinierte Bevölkerungsvorrausberechnung - Annahmen und Ergebisse.* Wiesbaden: Statistisches Bundesamt.

EUROPÄISCHE KOMMISSION (1998). *Seniorenpolitik.* Abgerufen am 9. August 2006 von http://ec.europa.eu/employment_social/soc-prot/ageing/intro_de.htm.

EUROPÄISCHE KOMMISSION (2000). *COUNSIL DIRECTIVE 2000/78/EC of 27 November 2000 establishing a general framework for equal treatment in employment and occupation.* Abgerufen am 23. Dezember 2006 von http://europa.eu.int/eur-lex/pri/en/oj/dat/2000/l_303/l_30320001202en00160022.pdf.

EUROPÄISCHE KOMMISSION (2002). *Fünf Jahre Europäische Beschäftigungsstrategie – Eine Bestandsaufnahme.* Abgerufen am 10. August 2006 von http://europa.eu/eur-lex/de/com/cnc/2002/com2002_0416de01.pdf.

EUROPÄISCHE KOMMISSION (2005a) *Entwicklung der EBS*. Abgerufen am 10. August 2006 von http://ec.europa.eu/employment_social/employment_strategy/develop_de.htm.

EUROPÄISCHE KOMMISSION (2005b). *EQUAL - Age management in Finland.* Abgerufen am 29. Dezember 2006 von http://ec.europa.eu/employment_social/equal/data/document/age-fin_en.pdf.

EUROPÄISCHE KOMMISSION (2006). *Bevölkerungsstatistik.* Luxemburg: Amt für amtliche Veröffentlichungen der Europäischen Gemeinschaften.

EUROPÄISCHER RAT (2000). *Schlussfolgerungen des Vorsitzes.* Abgerufen am 7. August 2006 von http://www.europarl.europa.eu/summits/lis1_de.htm.

EUROPÄISCHER RAT (2001). *Schlussfolgerungen des Vorsitzes.* Abgerufen am 7. August 2006 von http://ue.eu.int/ueDocs/cms_Data/docs/pressData/de/ec/ACF191B.html.

EUROPÄISCHER RAT (2002). *Schlussfolgerungen des Vorsitzes.* Abgerufen am 17. August 2006 von http://ue.eu.int/ueDocs/cms_Data/docs/pressdata/de/ec/71067.pdf.

EUROPEAN FOUNDATION FOR THE IMPROVEMENT OF LIVING AND WORKING CONDITIONS (2004). *Managing the challenge of an aging workforce - Case example of the Finnish national strategy on ageing.* Abgerufen am 26. Dezember 2006 von http://www.emcc.eurofound.eu.int/publications/2004/ef0479en_2.pdf.

EUROSTAT (2005a). *Basisvariante - Bevölkerung am 1. Januar nach Geschlecht und Alter in Jahren*. Abgerufen am 12. September 2006 von http://epp.eurostat.ec.europa.eu/extraction/evalight/EVAlight.jsp?A=1&language=de&root=/theme3/proj/proj_tbp_pop.
EUROSTAT (2005b). *Eurostat: Arbeitslosenquote - insgesamt.* Abgerufen am 5. Januar 2007 von http://epp.eurostat.ec.europa.eu/portal/page?_pageid=1996,39140985&_dad=portal&_schema=PORTAL&screen=detailref&language=de&product=Yearlies_new_population&root=Yearlies_new_population/C/C4/C42/em071.

EUROSTAT (2005c). *Basisvariante - Bevölkerung am 1. Januar nach Geschlecht und Alter in Jahren*. Abgerufen am 15. Dezember 2006 von http://epp.eurostat.ec.europa.eu/portal/page?_pageid=1996,45323734&_dad=portal&_schema=PORTAL&screen=welcomeref&open=/popula/proj/proj_trend/proj_tbp&language=de&product=EU_MASTER_population&root=EU_MASTER_population&scrollto=267.

EUROSTAT (2005d). *Durchschnittliches Erwerbsaustrittsalter - insgesamt.* Abgerufen am 5. Januar 2007 von http://epp.eurostat.ec.europa.eu/portal/page?_pageid=1996,39140985&_dad=portal&_schema=PORTAL&screen=detailref&language=de&product=Yearlies_new_population&root=Yearlies_new_population/C/C4/C41/em021.

EUROSTAT (2006a). *Beschäftigungsquote älterer Erwerbstätiger – insgesamt.* Abgerufen am 9. August 2006 von http://epp.eurostat.ec.europa.eu/portal/page?_pageid=1996,39140985&_dad=portal&_schema=PORTAL&screen=detailref&language=de&product=Yearlies_new_population&root=Yearlies_new_population/C/C4/C41/em014.

EUROSTAT (2006b). *EUROPA - Eurostat - Leitseite.* Abgerufen am 14. August 2006 von http://epp.eurostat.ec.europa.eu/bulkdownload/everybody/em014.tsv.gz.

FEHL, U. / OBERENDER, P. (2004). *Grundlagen der Mirkroökonomie* (9., überarbeitete und erweiterte Auflage). München: Vahlen.

FRANKFURTER ALLGEMEINE ZEITUNG (2005). *Grundkurs Demographie: Erste Lektion: Deutschlands Weltrekorde.* Abgerufen am 26. Dezember 2006 von http://www.faz.net/s/Rub117C535CDF414415BB243B181B8B60AE/Doc~E162CBC81F79B491B8CB2F0CD7BFC9E31~ATpl~Ecommon~Scontent.html

FRANZ, W. (2006). *Arbeitsmarktökonomik* (6., vollständig überarbeitete Auflage). Berlin Heidelberg: Springer.

GOULD, R. / LAUKKANEN, E. (2006). Work promotion of Finnish pension policy. In SPROß, C., *Beschäftigungsförderung älterer Arbeitnehmer in Europa* (S. 133-155). Nürnberg: Institut für Arbeitsmarkt- und Berufsforschung.

GOVERNMENT'S ACTUARY DEPARTMENT (2006). *National poulation projections 2004-based.* London: Palgrave Macmillan.

HANDELSBLATT (2007). *Flucht vor Rente mit 67.* Vom 3. Januar 2007, S. 1.

HER MAJESTY'S STATIONERY OFFICE (2006). *No10 factsheet on New Deal 50 plus.* Abgerufen am 20. Dezember 2006 von http://www.number10.gov.uk/output/Page5852.asp.

HEWEL, B. / NEUBÄUMER, R. (2005). Einkommen und Beschäftigung. In HEWEL, B. / NEUBÄUMER, R., *Volkswirtschaftslehre* (4., vollständig überarbeitete Auflage). Wiesbaden: Gabler.

HM GOVERNMENT (2005). *Skills: Getting on in business, getting on at work.* London: The Stationery Office.

HM REVENUE & CUSTOMS (2006a). *IR Tax Credits Online*. Abgerufen am 22. Dezember 2006 von http://www.taxcredits.inlandrevenue.gov.uk/Qualify/workingtaxcredit.

HM REVENUE & CUSTOMS (2006b). *New Deal 50 plus*. Abgerufen am 20. Dezember 2006 von http://www.hmrc.gov.uk/manuals/senew/SE01660.htm.

HM REVENUE & CUSTOMS (2006c). *REV3: New Tax Credits: A £2.7 Billion Boost for Families and the Low Paid*. Abgerufen am 15. Dezember 2006 von http://www.hmrc.gov.uk/budget2002/rev3.htm.

HÜBNER, W. / PUTZING, M. / KÜHL, A. (2003). *Kompetenzerhalt und Kompetenzentwicklung*. Berlin: Arbeitsgemeinschaft Betriebliche Weiterbildungsforschung e.V.

ILMARINEN, J. E. (2001). Ageing Workers. *Occup Environ Med* , S. 546-552.

INQA (2007). *INQA - Presse*. Abgerufen am 13. Januar 2007 von http://www.inqa.de/Inqa/Redaktion/Service/Downloads/faktenblatt-pdf,property=pdf,bereich=inqa,sprache=de,rwb=true.pdf.

INSTITUT FÜR ARBEIT UND TECHNIK (2006). *Projektinfo Evaluation des Bundesprogramms "Perspektive 50plus-Beschäftigungspakte in den Regionen"*. Abgerufen am 13. Januar 2007 von http://iat-info.iatge.de/projekt/2006/pakte.html.

INSTITUT FÜR ARBEITSMARKT- UND BERUFSFORSCHUNG (2002). *IAB Betriebspanel 2002*. Nürnberg: Institut für Arbeitsmarkt- und Berufsforschung.

INSTITUT FÜR ARBEITSMARKT- UND BERUFSFORSCHUNG (2005). *IAB Betriebspanel 2005*. Nürnberg: Institut für Arbeitsmarkt- und Berufsforschung.

INTERNATIONAL LABOUR ORGANIZATION (2007). *LABORSTA Internet: Description of the indicators*. Abgerufen am 5. Januar 2007 von http://laborsta.ilo.org/indicator.html?submit=Indicators.

JOBCENTRE PLUS (2006a). *Jobcentre Plus - New Deal*. Abgerufen am 20. Dezember 2006 von http://www.jobcentreplus.gov.uk/JCP/Employers/Ourservices/Programmes/New_Deal/index.html.

JOBCENTRE PLUS (2006b). *Jobcentre Plus - New Deal 50 plus*. Abgerufen am 20. Dezember 2006 von http://www.jobcentreplus.gov.uk/JCP/Customers/New_Deal/New_Deal_50_plus/Dev_011415.xml.html.

KLEINHENZ, G. (2002). *IAB-Kompendium Arbeitsmarkt- und Berufsforschung. Beiträge zur Arbeitsmarkt- und Berufsforschung*. Nürnberg.

KOLLER, B. / BACH, H.-U. / BRIXY, U. (2003). *Ältere ab 55 Jahren - Erwerbstätigkeit, Arbeitslosigkeit und Leistungen der Bundesanstalt für Arbeit.* Nürnberg: Institut für Arbeitsmarkt- und Berufsforschung der Bundesanstalt für Arbeit.

KOSKELA, E. / UUSITALO, R. (2006). The Un-intended Covergence: How the Finnish Unemployment Reached the European Level. In WERDING, M., *Structural Unemployment in Western Europe: Reasons and Remedies* (S. 159-183). Cambridge, London: The MIT Press.

LEARNING AND SKILLS COUNSIL (2006a). *Learning and Skills Counsil - What we do*. Abgerufen am 22. Dezember 2006 von http://www.lsc.gov.uk/Whatwedo/.

LEARNING AND SKILLS COUNSIL (2006b). *What is Train to Gain?* Abgerufen am 22. Dezember 2006 von http://www.traintogain.gov.uk/What+Is+Train+To+Gain/.

LEISERING, L. (19. Juli 1999). *"Politik für zukünftige Generationen?" - "Nachhaltigkeit" auch in der sozialen Sicherung?* Abgerufen am 8. Januar 2007 von http://www.uni-bielefeld.de/soz/personen/Leisering/pdf/6.pdf.

LENK, T. (2005). Mikroökonomie. In NEUBÄUMER R. / HEWEL, B., *Volkswirtschaftslehre* (4., vollständig überarbeitete Auflage). Wiesbaden: Gabler.

MALTBY, T. / OGILIVIE, M. / ADMASACHEV, L. (2006). More and better jobs for the over 50s or working until they 'drop'? Voluntary agreements versus legislative routes in the UK. In SPROß C., *Beschäftigungsförderung älterer Arbeitnehmer in Europa* (S. 35-46). Nürnberg: Institut für Arbeitsmarkt- und Berufsforschung.

MERCER, S. (2006). More and better jobs for older workers - Incentives for employers: Voluntary agreements vs. law. In SPROß C., *Beschäftigungsförderung älterer Arbeitnehmer in Europa* (S. 47-51). Nürnberg: Institut für Arbeitsmarkt und Berufsforschung.

MINISTRY OF LABOUR (2006). *Industrial relations and labour legsilation in Finland.* Abgerufen am 25. Dezember 2006 von http://www.mol.fi/mol/en/99_pdf/en/92_brochures/8015e_working_life_relations.pdf.

MINISTRY OF SOCIAL AFFAIRS AND HEALTH (2000). *Programme on Ageing Workers 1998 - 2002 Brochure*. Abgerufen am 26. Dezember 2006 von http://pre20031103.stm.fi/english/current/ageprog/experien.htm.

MINISTRY OF SOCIAL AFFAIRS AND HEALTH (2002a). *The Many Faces of the National Programme on Ageing Workers.* Abgerufen am 26. Dezember 2006 von http://pre20031103.stm.fi/english/tao/publicat/manyfaces/themanyfaces.pdf.

MINISTRY OF SOCIAL AFFAIRS AND HEALTH (2002b). *The National Programme on Ageing Workers Evaluation.* Abgerufen am 26. Dezember 2006 von http://pre20031103.stm.fi/english/tao/publicat/age_evaluation/age_evaluation.pdf.

MÜLLER-ARMACK, A. (1976). *Wirtschaftsordnung und Wirtschaftspolitik* (2., unveränderte Auflage). Stuttgart: Haupt.

MYHRMANN, R. (Oktober 2000). *Follow-up report on the programme for Ageing Workers 2000.* Abgerufen am 26. Dezember 2006 von http://www.almp.org/pdf/official-paper-fin-oct00-e.pdf.

OECD STATISTICS (2005). *LFS Indicators.* Abgerufen am 15. August 2006 von http://stats.oecd.org/WBOS/Default.aspx.

OECD STATISITICS (2006). *LFS Indicators.* Abgerufen am 25. Dezember 2006 von http://stats.oecd.org/WBOS/Default.aspx.

OECD STATISTICS (2007). *LFS by educational atainment, bx sex and age - indicators.* Abgerufen am 8. Januar 2007 von http://stats.oecd.org/WBOS/Default.aspx.

OFFICE FOR NATIONAL STATISTICS (2005a). *Focus on Older People November 2005 - data.* Abgerufen am 16. Januar 2007 von http://www.statistics.gov.uk/downloads/theme_compendia/foop05/OlderPeople05.zip.

OFFICE FOR NATIONAL STATISTICS (2005b). *National Statistic Online*. Abgerufen am 19. Dezember 2006 von Pensioner Income & Expentiture: http://www.statistics.gov.uk/cci/nugget.asp?id=1274.

OFFICE FOR NATIONAL STATISTICS (2006a). *Labour Force Survey: Unemployment by Age and Duration (25-49 & 50+) (SA)*. Abgerufen am 20. Dezember 2006 von http://www.statistics.gov.uk/STATBASE/xsdataset.asp?More=Y&vlnk=1387&All=Y&B2.x=73&B2.y=9.

OFFICE FOR NATIONAL STATISTICS (2006b). *Labour Force Survey: Unemployment Rates by Age (SA)*. Abgerufen am 15. Dezember 2006 von http://www.statistics.gov.uk/STATBASE/xsdataset.asp?More=Y&vlnk=1389&All=Y&B2.x=59&B2.y=13.

OFFICE FOR NATIONAL STATISTICS (2006c). *National Statistics Online*. Abgerufen am 16. Januar 2007 von Labour Market & Retirement - Highlight 2006: http://www.statistics.gov.uk/cci/nugget.asp?id=1273.

ORGANISATION FOR ECONOMIC CO-OPERATION AND DEVELOPMENT (2003). *Ageing and Employment Policies Sweden.* Paris: OECD Publishing.

ORGANISATION FOR ECONOMIC CO-OPERATION AND DEVELOPMENT (2004). *OECD Handbook for Internationally Comparative Education Statistics.* Abgerufen am 18. Februar 2007 von http://213.253.134.43/oecd/pdfs/browseit/9604031E.PDF.

ORGANISATION FOR ECONOMIC CO-OPERATION AND DEVELOPMENT (2006). *Live Longer, Work Longer.* Paris: OECD Publishing.

PFAHLER, T. (2000). *Humankapital und Effizienz.* Bern: Haupt.

PROGNOS AG (1986). *Die Bundesrepublik Deutschland 1990, 2000, 2010. Die Entwicklung von Wirtschatft und Bevölkerung in der Bundesrepublik Deutschland bis 2010. prognos-report nr. 12, Texteil.* Stuttgart: Poller.

PUUL GMBH (13. Januar 2007). *JOBIMPUULS / Projekte / JobFORMAT 50plus / Für Bewerber.* Abgerufen am 13. Januar 2007 von http://www.jobimpuuls.de/pub/grep.php?client=2&lang=2&parent=&subid=5&idcat=9&idside=44&mandid=24&sid=be2f51ea3771e4ce5d495a22133e9fd4.

RAT DER EUROPÄISCHEN UNION (2001). *Die konkreten künftigen Ziele der Systeme der allgemeinen und beruflichen Bildung.* Abgerufen am 9. August 2006 von http://ec.europa.eu/education/policies/2010/doc/rep_fut_obj_de.pdf.

RAT DER EUROPÄISCHEN UNION (2002). *Erhöhung der Erwerbsbeteiligung und Förderung des aktiven Alterns.* Abgerufen am 11. August 2006 von http://register.consilium.eu.int/pdf/de/02/st06/06707d2.pdf.

REINEKE, U. (1987). Die gesetzliche Rentenversicherung vor dem Hintergrund langfristiger demographischer und ökonomischer Entwicklungen - Eine Zusammenfassung des Prognos-Gutachtens. In *Die Angestelltenversicherung (heute RV Aktuell)* , S. 19-23.

ROTHSCHILD, K. W. (1978). Unvollkommene Information und Arbeitsmarkt. Suchtheorie der Arbeitslosigkeit. *WiSt* , S. 518-523.

SCHARF, T. (2001). "Zwischen Margaret Thatcher und New Labour" - Zur Entwicklung der britischen Alterssozialpolitik seit 1990. In BRAUN A., *Solidarität der Generationen : Perspektiven des Älterwerdens der Gesellschaft in Deutschland und Europa ; ein Europa der Generationen - grenzenlos, aber mit verschiedenen Geschwindigkeiten?* (S. 50-55). Freudenstadt: Fritz-Erler-Akademie.

SCHMID, J. / SCHROEDER, W. (2001). Großbritannien: Vom Musterland des Konservatismus zum Mutterland der neuen Sozialdemokratie. In SCHROEDER, W., *Neue Balance zwischen Markt und Staat* (S. 3-8). Schwalbach: Wochenschau Verlag.

SESSELMEIER, W., & BLAUERMEL, G. (1997). *Arbeitmarkttheorien.* Heidelberg: Physica-Verlag.

SOZIALGESETZBUCH VI in der Fassung vom 18. Dezember 1998.
STATISTISCHES BUNDESAMT (2005). *Statistik von A bis Z: ILO-Arbeitsmarktstatistik*. Abgerufen am 17. Februar 2007 von http://www.destatis.de/presse/deutsch/abisz/ILO_Arbeitsmarktstatistik.htm.

STATISTISCHES BUNDESAMT (2006a). *Ausführliche Ergebnisse der 11. koordinierten Bevölkerungsvorausberechnung (Excel-Tabellen)*. Abgerufen am 4. Januar 2007 von http://www-ec.destatis.de/csp/shop/sfg/vollanzeige.csp?ID=1019440.

STATISTISCHES BUNDESAMT (2006b). *Datenreport 2006*. Bonn: Bundeszentrale für politische Bildung.

STATISTISCHES BUNDESAMT (2007a). *Bevölkerungsentwicklung, Jahr 2006*. Abgerufen am 5. Januar 2007 von http://www.destatis.de/presse/deutsch/pm2007/p0030021.htm.

STATISTISCHES BUNDESAMT (2007b). *GENESIS-Online: 12421-0001 Prognostizierter Bevölkerungsstand: Deutschland, Stichtag,*. Abgerufen am 4. Januar 2007 von https://www-genesis.destatis.de/genesis/online/dWerteabruf_Page;jsessionid=B390315226C58D3B3C30FDBFCDCCE14B.tc2?operation=abruftabelleAbrufen&levelindex=1&levelid=1167929595304&index=1.

STEINER, V. (2003). *Senkung der Arbeitslosenunterstützung: Weniger Arbeitslosigkeit, mehr Effizienz (Wochenbericht: WB 25/03)*. Abgerufen am 12. November 2006 von http://www.diw.de/deutsch/produkte/publikationen/wochenberichte/docs/03-25-1.html.

STREIT, M. E. (2006). Ein Portrait der Freiburger Schule. In NICOLAS, S. / DALLMANN, N., *Innovation und Reform* (S. 9-13). Stuttgart: Lucius und Lucius.

TASKFORCE BESCHÄFTIGUNG (2003a). *Jobs, Jobs, Jobs – Mehr Beschäftigung in Europa schaffen.* Abgerufen am 17. August 2006 von http:/ec.europa.eu/employment_social/employment_strategy/pdf/etf_de.pdf.

TASKFORCE BESCHÄFTIGUNG (2003b). *Anhang 1: Zusammenfassung der länder-spezifischen Hinweise.* Abgerufen am 17. August 2006 von http://ec.europa.eu/employment_social/employment_strategy/pdf/etf_annex1_de.pdf.

THE EMPLOYERS FORUM ON AGE (2006). *About EFA - Background.* Abgerufen am 31. Dezember 2006 von http://efa.org.uk/about/default.asp.

THE EMPLOYMENT EQUALITY (AGE) REGULATIONS (2006). *The Employment Equality (Age) Regulations 2006.* Abgerufen am 23. Dezember 2006 von http://www.opsi.gov.uk/si/si2006/20061031.htm#7.

THE GUARDIAN (2004). *Relief by the wayside*. Vom 13. Oktober 2004. Abgerufen am 15. August 2006 von http://society.guardian.co.uk/print/0,,5037142-106808,00.html.

THE PENSION SERVICE (2005). *Pensions for the self-employed.* London: The Pension Service.

THE PENSION SERVICE (2006). *The Pension Service - Planning ahead - Understanding your pension options*. Abgerufen am 19. Dezember 2006 von http://www.thepensionservice.gov.uk/planningahead/options/understanding-options.asp.

TOWNSEND, P. (1962). *JSTOR: British Journal of Sociology: Vol. 13, No. 3, p.210.* Abgerufen am 1. Februar 2007 von http://www.jstor.org/view/00071315/ap020054/02a00020/0?frame=noframe&userID=8b1272a4@uni-leipzig.de/01cc99331600501b66ef2&dpi=3&config=jstor.

WAGNER, T., & JAHN, E. (2004). *Neue Arbeitsmarkttheorien* (2. Ausg.). Stuttgart: Lucius & Lucius.

WALKER, A. (1993). *Age and Atitudes - Main Results from a Eurobarometer Suvrey.* Brüssel: Europäische Kommision.

WURM, S. (2004). *Gesundheitliche Potenziale und Grenzen älterer Erwerbspersonen.* Berlin: Deutsches Zentrum für Altersfragen